Steingärten und Trockenmauern

KOSMOS

Angela Beck

Steingärten und Trockenmauern

KOSMOS

Inhalt

Gestaltung

Ein besonderes Stück Natur im Garten

WIE ES BEGANN

Mit der Erkundung der hochalpinen Welt durch Berg-steiger-Pioniere wurde auch die wunderbare Flora die-ser Region bekannt – nicht nur den Botanikern, son-dern auch ambitionierten Hobby- und Profigärtnern. Daraus entwickelte sich bald eine Bewegung, die über Großbritannien auch aufs Festland gelangte und heu-te zum Hobby begeisterter Menschen in aller Welt geworden ist.

Maßgeblichen Anteil an der Pflege und Vermehrung der alpinen Pflanzenschätze von extremen Stand-orten haben bis heute nicht nur die vielen Hobby-steingärtner mit ihren oft begeisternd schönen Alpi-num-Anlagen. Auch die nachahmenswerten Schau- und Musteranlagen der botanischen Gärten und engagierter Pflanzenzüchter machen Lust und bieten dem Interessierten Anregungen zum Nachmachen in Hülle und Fülle.

DIE NATUR ALS VORBILD

Einen Steingarten, ein sogenanntes Alpinum zu bau-en, bedeutet, einen Naturausschnitt in den eigenen Garten zu holen. Egal ob auf großer oder kleiner Fläche, auf einem ebenen oder geneigten Grund – die grandiose Natur des Alpenraums gibt uns dafür Anregungen in vielfältiger Weise.

Das Naturszenario zeigt uns vielgestaltiges Gestein mit tief eingegrabenen Spuren aus längst vergangener Zeit. Bizarre Wurzeln, von der Sonne gebleicht und vom Wind geschält, gehören ebenso dazu wie Flech-ten, Farne, Moose, fantastische Blütenpflanzen und knorrige Bäume, die zwischen den Felsen, in Schotter-flächen oder inmitten grüner Matten wachsen. Vor-wiegend Pflanzen, die sich in herkömmlichen Gärten nicht ohne Weiteres ansiedeln lassen – es sei denn, man erschafft in einem eigens angelegten Steingarten die Bedingungen, die diese Pflanzen brauchen.

Manche Steingartenpflanzen, wie hier die Aurikel, wachsen im Gebirge in zerklüftetem Gelände. Es lohnt sich, ihre Kultur im Garten zu probieren.

Die Natur steht bei der Gestaltung Pate und gibt vielerlei Anregungen. Deshalb lohnt sich beim Spaziergang im Mittel- oder Hochgebirge der Blick aufs Detail. Aber auch felsige Ufer und aufgelassene Steinbrüche zeigen uns, wie ein Steingarten oder eine Trockenmauer aussehen könnten.

STEINGARTEN-TYPEN

Der Begriff „Steingarten" schlägt einen weiten Bogen: es kann sich um einen Hang handeln, der mit Steinen abgefangen und bepflanzt wird. Oder aus Steinen wird eigens ein Hügel aufgebaut. Aber auch auf relativ ebenen Flächen lassen sich Steingärten gestalten. Heidegärten, die mit Findlingen gestaltet werden, kann man auch zu den Steingärten zählen. Ebenso mit Steinen gestaltete Ufer- und Anschlusszonen von Gartenteichen. Natürlich gehören Trockenmauern und Pflanzwälle dazu.

Und selbst auf kleinstem Raum lässt sich ein Steingarten gestalten: in Trögen, Kübeln und Schalen. Sie eignen sich zur Gestaltung von Terrasse, Vorgarten oder Hinterhof, aber auch als Ergänzung einer Steingartenanlage im Garten. Ab Seite 22 werden Tröge und bepflanzte Schalen in Text und Bild vorgestellt und beschrieben, wie man sie einrichtet und gestaltet.

Einen kleinen Ausschnitt der eindrucksvollen Berglandschaft können wir mit einem Alpinum in den eigenen Garten holen.

DER BESTE PLATZ FÜR EINEN STEINGARTEN

Da sind zunächst die Eingangszonen des Hauses. Als Begrenzung zum Nachbarn oder zur Straße hin sind sie wie geschaffen für Steingärten.

Vorgärten, Stufenbegrenzungen, aber auch Terrassenböschungen lassen sich so verschönern. Selbstverständlich verfehlt ein schöner Steingarten, eine gut gelungene Trockenmauer oder ein blütenübersäter Pflanzwall – als dekoratives Gartenelement eingesetzt – nicht seine Wirkung auf den Betrachter. Sogar flache, nur leicht geneigte Flächen wie Garagendächer, Mülltonnenüberbauungen oder Mauersockel lassen sich mit leichten Steinen, z. B. Lava oder Tuff, und robusten Pflanzen attraktiv gestalten.

Wer genügend Platz hat, kann an der Grundstücksgrenze einen als Hang gestalteten Steingarten anlegen, wenn die Ausrichtung nach Süden oder Südosten sich dafür anbietet. Bei kleineren Grundstücken kommt hierfür eine bepflanzte Trockenmauer in Frage. Dann bildet der blühende Steingarten einen optischen Abschluss zum Nachbarn und wirkt wie eine Bühne.

Damit eine Steingartenanlage gut zur Wirkung kommen kann, sollte davor etwas Platz bleiben – etwa eine Rasenfläche oder ein breiter Weg. Von hier aus kann man die Pflanzenschätze gut betrachten und auch pflegen.

Pflanzen vom Gärtner, hier verschiedene Sempervivum-Arten und -Sorten, haben einen durchwurzelten Ballen und können während der ganzen Vegetationsperiode ausgepflanzt werden.

NICHT SAMMELN

Obwohl die meisten der alpinen Pflanzen streng geschützt sind, werden ihre Lebensräume durch vielerlei Umstände unwiederbringlich zerstört. Durch die Erschließung der Berge für den Massentourismus, z. B. durch den Skiliftbau oder ungezügeltes Mountainbiking und Wandern abseits der Wege, gerät die Natur immer mehr unter Druck.

So sehr man als Bergwanderer auch geneigt sein mag, die blühenden Pflanzen, die einem sehr begehrenswert erscheinen, mitzunehmen, um sie zu Hause im Garten anzusiedeln, sollte man darauf verzichten. Denn alpine Pflanzen, die in den Gebirgen an exponierten Stellen wachsen, sind sehr gut an ihre Standorte angepasst und deshalb auch nicht so einfach zu „verpflanzen". Sie brauchen lange, um sich im Tiefland zu akklimatisieren, denn hier sind die Temperaturen höher, in den Nächten kühlt es nicht so deutlich ab, die UV-Einstrahlung ist geringer. Blühende Pflanzen wachsen ohnedies kaum mehr an. Und wenn doch, können sie am neuen Standort blühfaul sein. Solcher Ärger und Frust ist vermeidbar, wenn man auf das reichhaltige Angebot hiesiger Gärtnereien zurückgreift.

PFLANZEN VOM GÄRTNER

Um die steigende Nachfrage nach geeigneten Pflanzen für den Steingarten zu befriedigen, bietet der Gartenfachhandel eine große Palette attraktiver, vor allem aber gartenwilliger Arten und Sorten an. Dafür sorgen vor allem tüchtige und rührige Züchter, die sich auf Steingarten-Pflanzen spezialisiert haben, sowie Botaniker, aber auch einige Hobbygärtner. Sie nutzen das Wissen über die natürlichen Standorte und Wuchsbedingungen, aber auch die wissenschaftlichen und technischen Möglichkeiten der Vermehrung. Selbst schwierige Arten werden akklimatisiert. Dabei entstehen laufend neue Kreuzungen, Zuchtformen, Veredlungen, Auslesen und Sorten.

Gerade für Pflanzen, deren Wildformen als stark gefährdet eingestuft werden müssen, ist dies ein Segen. Das begehrte Edelweiß beispielsweise wird jetzt dank erfolgreicher Vermehrung regelmäßig im Gartenfachhandel angeboten, sogar in größeren Mengen im Gartencenter.

Pflanzen vom Gärtner haben zudem den Vorteil, dass man zumeist wertvolle Pflegehinweise auf dem Etikett mitgeliefert bekommt, insbesondere zum Standort und zu den Bodenansprüchen.

Lebensraum für Tiere

Tiere für den Garten gibt es nicht zu kaufen. Aber unser Steingarten ist ein besonders kostbarer Lebensraum, der in der Natur so nur noch selten vorkommt. Er bietet vieler bedrohten Arten Unterkunft und Nahrung. Deshalb bestehen gute Chancen, dass sich ein reiches Tierleben ganz von allein einstellt und dort bei umsichtiger Pflege auch lange bleibt.

Dies gelingt besonders gut, wenn schon beim Bau der Steingartenanlage der Grundstein dafür gelegt wird: Viele Höhlen und Spalten sowie Baumstümpfe bieten Schlupflöcher, Lebensräume und unterschiedliche Kleinklimazonen. Eine Bepflanzung mit reichem Blütenflor bietet zudem vielen Tieren Nahrung.

WASSER IST LEBEN

Ökologisch wertvoll wirkt sich auch eine integrierte Wasserstelle aus. Dabei ist es egal, ob sie als kleiner oder großer Teich, als murmelndes Bächlein oder Wasserfall für belebende Feuchtigkeit und Kühle im Garten sorgt. Sie dient als Kinderstube und Lebensraum für Amphibien und Libellen und beherbergt darüber hinaus interessante Wasserpflanzen. Für viele Tiere und Pflanzen ist die Wassernähe eine unverzichtbare Lebensgrundlage.

Es ist schon erstaunlich, wie schnell sich neu geschaffene Lebensräume besiedeln. Je näher unser Garten an natürlichen Biotopen liegt und je besser die Bedingungen vor Ort sind, desto schneller stellen sich die Neubürger ein.

SIEDLUNGSHILFEN

Unterstützen kann man die Ansiedlung von Tieren, indem man z. B. Nistkästen aufhängt, um möglichst viele Vögel anzulocken. Lediglich Amseln wissen nicht, was sie anrichten, wenn sie besonders zur Brutzeit und im Herbst ganze Pflanzenpolster auseinandernehmen, um darin nach kleinen Würmern oder Schnecken zu suchen. Dem kann man aber vorbeugen, indem man neben die Polster einen Stock mit glitzernden Plastik- oder Alufolienstreifen als Vogelscheuche steckt oder die Pflanzung mit einem Netz abdeckt.

Für Insekten wie Hummeln, Bienen und andere, die als erste zufliegen, bietet man neben Blütenpflanzen

Die gut getarnten Krabbenspinnen räumen unter den Insekten auf.

Insekten sorgen für die Bestäubung unserer Pflanzenschätze.

Zauneidechsen liegen gerne auf sonnenwarmen Steinen. Wir können sie dort in Ruhe beobachten.

als Nektarquelle auch Wohnraum an, indem man Bündel hohler Pflanzenstängel aufhängt oder Lochziegel und Holzstücke, die mit unterschiedlich dicken Bohrlöchern versehen sind, an geeigneten Stellen

anbringt. Als Lohn für unseren naturnahen Garten werden die fleißigen Helfer Blüten bestäuben und Schadinsekten wegfangen.

Reiches Leben können wir auf unserer einzigartigen Naturbühne beobachten: Zu den willkommenen Gästen im Steingarten gehört eine Vielzahl von Spinnen, etwa Wolfsspinnen, Krabbenspinnen, Springspinnen, Kreuzspinnen oder die seltenen Zebraspinnen und manch andere Heimlichtuer, die allesamt Jagd auf ungebetene Gäste machen und so zur Pflanzengesundheit beitragen, ebenso wie die Laufkäfer und Grabwespen.

Kröten und Igeln hilft es, wenn man bereits im Herbst Holz und Laub anhäuft. Darunter finden sie Schutz und Nahrung. Großes Glück hat derjenige, bei dem sich selten gewordene Gäste wie Blindschleichen, Moor- und Zauneidechsen einfinden und auch bleiben, wenn man sie in Ruhe leben lässt und Überwinterungsplätze vorhanden sind. Sie finden im Alpinum auf den sich erwärmenden Steinen ideale Plätze zum Sonnen.

Eine Teichanlage am Steingarten sorgt für Luftfeuchtigkeit und Kühle.

Am Anfang steht die richtige Planung

Unser Wunsch, mit Steinen, Wurzeln und Pflanzen eine attraktive Steingartenanlage zu erschaffen, wird nun verwirklicht. Schritt für Schritt, mit Geduld und etwas Geschick, rückt das Ziel näher. Bevor man nun aber wild drauflos baut, sollte man alles wohlüberlegt planen. Umso besser wird das Ganze gelingen.

Für die Planung, aber mehr noch für die Bauausführung braucht man genügend Zeit. Unter Zeitdruck kann kaum etwas gelingen. Deshalb plant man am besten schon im Winter. Dann ist auch die Vorfreude am größten.

PLAN ZEICHNEN

Planen Sie Ihren Steingarten von Anfang an gründlich. Ein gezeichneter Plan ist dazu sehr hilfreich. Alle vorhandenen Gegebenheiten wie Haus, Garage, Terrasse usw. werden auf Millimeterpapier maßstabsgerecht eingezeichnet. Ein Maßstab von 1:100 (1 cm auf dem Papier entspricht 100 cm im Gelände) bietet sich an.

Machen Sie sich mehrere Kopien von Ihrem Plan, bevor Sie etwas eintragen. So können alle Familienmitglieder ihre Ideen festhalten und Sie können mehrere Varianten durchspielen.

Vor Ort in Ihrem Garten suchen Sie einen geeigneten Platz aus, der so groß wie möglich sein sollte, denn die Erfahrung zeigt, dass die Pflanzflächen schnell zu klein werden. Man kann das Areal abstecken, mit ausgestreutem Sand, Sägespänen oder Kleintierstreu oder auch mit einem ausgelegten Gartenschlauch markieren. Vermessen Sie die Markierungen Ihrer geplanten Anlage und tragen sie in Ihren Plan ein.

Soweit noch nicht vorhanden, wird der Weg zur Anlage mit eingeplant, damit es bei der Anlieferung der Steine keine Probleme gibt. Was tun mit dem Aushub, und wo wird er zwischengelagert? Oder kann man ihn sofort beim Bau zum Modellieren der Steingartenanlage verwenden?

Vorteilhaft sind Strom- und Wasseranschlüsse direkt vor Ort. Werden Grundstücksgrenzen berührt, so gilt es, das Nachbarrecht zu beachten.

Wenn eine Wasserstelle vorhanden oder geplant ist, was immer von großem Vorteil ist (siehe Seite 9), sind Becken sowie die Zu- oder Abläufe ebenfalls zu planen und einzuzeichnen. Bei der Konzeption eines Steingartens sollten Sie auf harmonische Übergänge zu angrenzenden Gartenräumen achten. Auch das Gesamtbild des Gartens sollten Sie im Blick behalten.

11

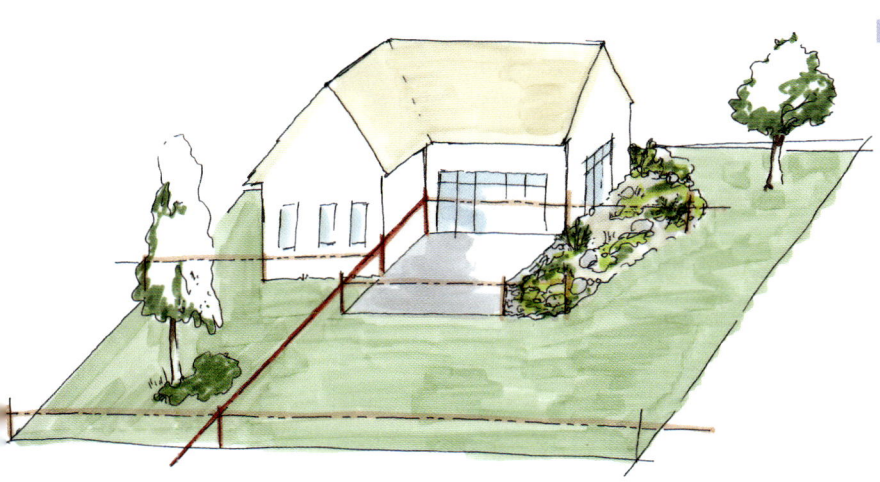

Wer sich bei der Planung schwer tut, kann einen Landschaftsgärtner beauftragen.

*Der passende Stand-
ort für den Steingarten
ist sonnig oder zumin-
dest überwiegend sonnig.*

IDEALE STANDORTE

Gesucht ist der ideale Platz für den Steingarten –
auch für uns selbst. Das könnte eine markante, am
besten von drinnen und draußen gut einsehbare Stelle im Garten sein. Oder ein Platz direkt neben einem
romantischen Sitzplatz. Auch die Eingangszone des
Hauses drängt sich geradezu auf, ist sie doch die Vi-
sitenkarte der Bewohner. Direkt vor oder neben einer
Terrasse wird ein Steingarten immer für Aufmerk-
samkeit sorgen.

Mit Steinen und Pflanzen im Vordergrund gewinnt
auch die ödeste Mauer an „Ansehen". Natürliche
Hänge bieten sich für einen Steingarten besonders
an. Aber auch eine ebene Fläche lässt sich zu einem
Steingarten gestalten.

Für die Pflanzen ist es wichtig, den optimalen Standort zu wählen. Gutes Wachstum und Gesundheit hängen zu einem Großteil von einer standortgerechten
Pflanzung ab.

Die Anlage sollte nach Südosten ausgerichtet sein.
Reine Südseiten sind problematischer. Sie können
sich schnell und ausdauernd erhitzen und zu rasch
austrocknen. Man kann dann gegebenenfalls ab-
schatten oder solche Pflanzen auswählen, die als
Sonnenkinder bekannt sind.

Wer nur über eine absonnige Lage verfügt, der
braucht nicht auf einen Steingarten zu verzichten.
Auch dort, wo es meist kühler und feuchter ist, wachsen eine ganze Reihe besonders reizvoller Arten wie
u. a. Primeln und Farne.

HÖHENUNTERSCHIEDE

Um sich bestehende oder geplante Niveauunterschiede sowie die vorgesehenen Höhen besser vorstellen zu können, kann man ein Modell aus Knetgummi anfertigen. Ist das Gelände flach, so werden möglichst fließende Strukturen eingeplant. Zu strenge und gerade Linien lassen einen Steingarten oft unnatürlich erscheinen – außer die gesamte Gartenanlage ist formal gestaltet.

Haben Sie schon einmal daran gedacht, auf einer ebenen Fläche in die Tiefe zu gehen und einen abgesenkten Sitzplatz zu bauen, dessen Aushub für die Anlage des Steingartens verwendet werden kann? Dazu passt ein Hohlweg als Zugang, der im selben Stil und mit den gleichen Steinen errichtet wird.

Wenn wenig Zeit vorhanden ist oder Ihre Kräfte den Eigenbau nicht zulassen, dann können Sie auch einen Fachbetrieb mit dem Bau der Anlage beauftragen. Bestehen Sie aber immer auf einem Plan sowie einem Kostenvoranschlag.

BEPFLANZUNG PLANEN

In dieser Phase der Planung kann man sich schon ein Wunschsortiment an Pflanzen zusammenstellen. Besonders reizvoll ist es, wenn im Steingarten vom Frühjahr bis zum Herbst immer etwas blüht (siehe Pflanzenporträts ab Seite 36 und speziell Seite 52 bis 55). Der endgültige Pflanzplan wird sich aber erst nach dem Setzen des letzten Steines ergeben, weil sich dabei sicher noch mehr passende Standorte für allerlei Pflanzenschätze auftun.

DER ZEITPUNKT

Obwohl im Frühjahr und Herbst das Pflanzenangebot am größten ist, ist man beim Bau an keine bestimmte Jahreszeit mehr gebunden. Die meisten Pflanzen werden von Anfang an in Containern bis zur Verkaufsreife kultiviert und somit während der gesamten Vegetationsperiode mit einem durchwurzelten Ballen angeboten. So kann man bei trockenem Wetter vom Frühling bis zum Herbst bauen und die Anlage dann auch gleich bepflanzen.

Hänge sind ideal für Steingärten; oft bietet sich eine Terrassierung an.

NÜTZLICHE GERÄTE

Gutes Handwerkszeug ist unverzichtbar, es erspart Zeit und Mühe. Sie brauchen: Absteckholz und Schnur, Spaten, Rechen, Durchwurf (mehrere Maschenweiten), Spitzhacke, Gabel, Schub- und Sackkarre, mehrere Brechstangen (Kuhfuß), einige dicke Bretter, Eimer, Wannen, Fäustel, Vorschlaghammer, Meißel, Handschaufel, Rübenkratzer, Löffel, Gartenschere und -messer, Gießkanne und Gartenschlauch. Dazu gutes Schuhwerk, dicke und dünne Handschuhe, Sicherheitsbrille und Gehörschutz (beim Bohren und Steinarbeiten), Messreagenzien für die Bodenanalyse (Gartenfachhandel), Pflanzholz, Markierungsstäbchen, Stecketiketten und -stift.

Einen Steingarten anlegen

MATERIAL NUMMER 1: DIE STEINE

Schönes, vor allem urig geformtes oder wild zerklüftetes Gestein ist begehrt, vor allem, wenn es viele größere Spalten oder Löcher aufweist. Dies bedeutet, dass man schnell „steinreich", aber je nach Einkaufsquelle etwas ärmer wird. Aus Umweltschutzgründen, wegen der Transportkosten und zugunsten einer authentischen Gestaltung empfiehlt es sich, Steine aus der näheren Umgebung zu verwenden. Dekorativ und natürlich wirken rohe, möglichst unbehauene Stücke, die – bis auf ihre Auflagefläche – gerne rau und uneben sein dürfen.

Solche gibt es in Steinbrüchen, im Baustoffhandel, bei Natursteinhändlern bzw. in Gartencentern. Brauchbare Steine fallen oft auch bei Abbrucharbeiten alter Häuser und Scheunen an.

> **EXPERTEN-TIPP**
>
> Bedenken Sie bei der Auswahl der Steine auch passendes Material für die Wege, damit sich ein harmonisches Gesamtbild ergibt.

Benötigt man nur wenige, kleinere Steine, um etwa ein kleines Alpinum zu gestalten oder damit Pflanzgefäße oder Tröge zu dekorieren, lohnt es sich, in Aquariengeschäften nach Dekosteinen zu schauen. Dort gibt es oft ausgefallene Stücke.

Grundsätzlich sollte man beim Kauf fragen, wenn man nicht sicher ist, welche Art von Gestein man vor sich hat, um letztendlich die richtige Wahl treffen zu können.

Auch in Steinbrüchen oder am Wegesrand lassen sich schöne Stücke finden. Beim Sammeln sollte man aber auf Besitzrechte und Schutzbestimmungen achten.

Scharfkantige gebrochene Felsen mit besonders rauher Oberfläche sehen recht urtümlich aus. Abgeschliffene, runde Steine vermitteln mehr Ruhe und wirken sanfter. Wird nur eine Gesteinsart verbaut,

HÄUFIG ERHÄLTLICHE NATURSTEINE

Granit ist hart, schwer und kantig, aber seine Farbnuancen können sehr attraktiv sein. Heller, schön gemaserter Granit wirkt besonders gut.

Gneis hat ebenfalls interessante Strukturen. Granit, Gneis und jegliche Silikatgesteine (Urgestein) sind für eine Bepflanzung mit „Kalkfliehern" ideal.

Das sehr leichte *Lavagestein* ist zur Bepflanzung gut geeignet. Leider wirkt es auf großen Flächen sehr dunkel.

wirkt die Anlage am harmonischsten. Um Monotonie (zu viele gleich große) oder zu starke Gegensätze (zu unterschiedliches Aussehen) zu vermeiden, sollte man kritisch auswählen. Steine sind in unserer Anlage das wichtigste Gestaltungselement und Standort für fels-, spalten- und geröllsiedelnde Pflanzen. Auch für das Mikroklima sind sie unverzichtbar, weil sie Schatten spenden und Wärme sowie Feuchtigkeit speichern können (z. B. Tuff) und langsam wieder abgeben.

STEINE BEWEGEN

Wird eine größere Anlage geplant, kann ein gemieteter Kleinbagger viel Zeit und Kraft beim Aushub und Transport der Steine sparen.

Ebenso hilfreich sind Flaschenzug oder Seilwinde, Sackkarren und Bretter mit Metallrollen. Mit einem Sack und Schmierseife lässt sich ein kleiner Findling auch von einer Person ziehen. Die Anlieferung von Steinen und Material sollte man stets „frei Baustelle"

vereinbaren sowie für freie Zufahrt und einen Lagerplatz nahe an der geplanten Anlage sorgen. Große Solitärsteine werden bei der Anlieferung am besten gleich an Ort und Stelle abgelegt, denn sie werden zu „unverrückbaren Tatsachen".

DRÄNAGE

Eines haben alle unsere Steingartenpflanzen gemeinsam: Sie brauchen einen durchlässigen Untergrund. Staunässe tötet sie. Deshalb wird der Steingarten nicht direkt auf dem gewachsenen Boden aufgebaut, sondern auf einer Dränageschicht. Am besten besorgt man das Dränagematerial gleichzeitig mit den großen Steinen. Es muss auf die Pflanzenbedürfnisse abgestimmt sein. Je nach Untergrund rechnet man ca. 20–40 cm Splitt oder Rollkies (3–7 cm) als Dränage für die gesamte auszuhebende Fläche. Je feuchter oder stärker der Boden verdichtet ist, umso höher sollte auch die Dränageschicht sein.

Sandstein gibt es in verschiedener Härte und Farbe. Ist er weich, lässt er sich gut bearbeiten, aber er verwittert schneller als der harte.

Helleres, oft weißlicheres bis gelbes Karbonatgestein, wie Dolomit, Muschelkalk oder Tuffstein, ist ideal für „kalkholde" Pflanzenschätze.

Kalksteinknollen, auch als Katzenkopf- oder Lochgestein bekannt, sehen rustikal aus und lassen sich sehr gut bepflanzen.

GUTES SUBSTRAT

Als Substrat bezeichnet man den Boden, in dem die Pflanzen wachsen sollen. Einige der im Handel angebotenen Pflanzen kommen mit fast jedem Boden zurecht (z. B. *Aubrieta, Iberis, Phlox, Alyssum, Sedum*- und *Sempervivum*-Hybriden und -Sorten).

Weit mehr Arten stellen größere Ansprüche an das Substrat und lassen nicht mit sich handeln. Es soll für „kalkholde" Pflanzen kalkhaltig (basisch, pH-Wert über 7 bis 8) oder für „Kalkflieher" kalkfrei und neutral bis leicht sauer sein (neutral = pH 7, sauer = pH 5 bis 6). Generell sollte die Substratmischung für Steingartenpflanzen nur rund ein Drittel Humus enthalten, ist also relativ mager und durchlässig.

SUBSTRATMISCHUNGEN

Substrat für kalkholde Pflanzen
1/3 mineralisches Kalkmaterial (pH 7–8),
   z. B. grober Sand, feiner Kies, Muschelkalk,
   gebrochener Tuff, gebrochener Kalkstein
1/3 Humus
1/3 Perlit oder Bims

Substrat für kalkfliehende Pflanzen
1/3 kalkfreie Sand-Kies-Mischung (pH 5–6),
   z. B. Quarzkies, Quarzsand, roter Bleinfelder Sand
1/3 Humus
1/3 Perlit oder Vermiculit
Kalkfliehende Pflanzen möglichst mit Regenwasser
   gießen!

Grober Sand, feiner Kies, Perlit, Vermiculit und Bims lockern den Boden und machen ihn durchlässig. Perlit, Bims und Vermiculit speichern zudem Wasser und geben es langsam wieder an die Umgebung ab. Der Humus versorgt die Pflanzen mit Nährstoffen. Urgesteinsmehl liefert Mineralien und ist neutral bis leicht sauer, kann aber auch Kalkbeimischungen enthalten!
Sand, Kies, Bims, Humus bekommt man in sogenannten Bodenbörsen oder Quetschwerken; Perlit und Vermiculit im Gartenfachhandel.

Will man eigenen Boden verwenden, sollte man ihn vorher von einer Bodenuntersuchungsstelle analysieren lassen (siehe Serviceteil ab Seite 76). Vor allem stickstoffarm sollte er sein. Der pH-Wert lässt sich durch Zugabe von Torf (sauer) oder kalkhaltigem Sand (alkalisch) beeinflussen.

Grenzt eine Anlage für „Kalkflieher" an eine für „kalkholde" Pflanzen, lassen sich die Areale mit einem Stück Teichfolie voneinander trennen.

Bei einigen Spezialgärtnereien kann man auch fertig gemischtes Substrat kaufen. Leider gehen bei der richtigen Zusammensetzung die Meinungen der Fachleute oft gehörig auseinander, und jeder schwört auf sein Rezept, das bei ihm auch funktioniert. Weil jedoch in jedem Garten die Verhältnisse anders liegen, gibt es *die* Einheitserde für alle nicht.

Das Substrat spielt eine größere Rolle als das umgebende Gestein. Gutes Substrat ist locker, luftig und humos. Je nach den Ansprüchen der Pflanzen verwendet man unterschiedliche Mischungen. Alles wird locker und gleichmäßig vermischt.

BAUEN SCHRITT FÜR SCHRITT

Nachdem alle Materialien ausgewählt sind, muss nun die Baustelle eingerichtet werden. Zuerst wird das Gelände von jeglichem Aufwuchs gesäubert. Besonders von Brennnesseln, Giersch, Quecke, Schachtelhalm, Ackerwinde und Brombeeren dürfen nicht einmal mehr Wurzelreste im Boden bleiben. Rasensoden werden abgehoben und entweder kompostiert oder zum Anböschen bzw. zum Modellieren der Anlage verwendet. Der Aushub kann ebenfalls zum Modellieren der Anlage verwendet werden; oder es werden Erdreich und Steine mit einem Durchwurf getrennt und die Erde als Pflanzsubstrat und die Steine als Dränage verwendet. Auch „sauberer" Bauschutt (Ziegel- und Mörtelbrocken) kann zum Aufbau der Anlage verwendet werden.

Ist der Boden locker und trocken, genügt es, ihn ca. 20 cm tief auszuheben. Ist er jedoch dauerfeucht oder stark verdichtet, sollte man besser 40 cm tief gehen. Wird das gewünschte Gelände modelliert, kann da-

rauf das Dränagematerial verteilt und verdichtet werden. Stecken Sie geplante Wege jetzt ab.

Endlich kommt der kreative Teil des Bauens: Die Steine werden zu einem harmonischen Bild verlegt. Zuerst werden die größten Brocken an Ort und Stelle gebracht. Die Schokoladenseite ist stets dem Betrachter zugewandt. Dann folgt, von den markanten Punkten weg, Stein auf Stein, als fließende Ergänzung. Ein Felsanteil von 50–60 % ergibt ein besonders reizvolles Bild. Vollendet erscheint dies, wenn mehrere Steine so aneinandergefügt werden, dass sie wie ein gewachsener Felsbrocken aussehen.

Die Höhenunterschiede werden wie Terrassen gestaltet, mit genügend Platz für Pflanzen und Kleingehölze. Wichtig sind auch Trittsteine und Stufen, damit man jeden Bereich der Steingartenanlage gut erreichen kann.

Alle Zwischenräume werden mit Pflanzsubstrat aufgefüllt und mit kleineren Steinen so gesichert, dass das Substrat nicht von Regen und Gießwasser ausgewaschen werden kann, ehe es durch die Pflanzenwurzeln Halt findet. In Tuff oder ähnlich weiche Steine kann man Pflanzlöcher bohren.

ABDECKMATERIAL

Nach dem Bepflanzen (siehe Seite 26) und gründlichen Wässern wird nach einigen Tagen das zusammengesunkene Substrat bis zum Wurzelhals ca. 1–2 cm hoch abgedeckt. Man nimmt 3–5 mm starken Quarzsand oder gebrochenen Blähschiefer bzw. kleinkörnigen Tuff- (kalkhaltig) oder Silikatbruch. Das Abdeckmaterial verhindert Staunässe am Wurzelhals der Pflanzen und dämmt auch den Unkrautbewuchs ein.

Rindenmulch ist durch seinen hohen Gerbsäureanteil und möglichen Schadstoffgehalt als Abdeckmaterial im Steingarten völlig ungeeignet und würde auch unnatürlich wirken.

Eine Trockenmauer bauen

Die Steine werden idealerweise versetzt angeordnet, so dass die Fugen nie übereinander liegen. So erhält die Mauer die nötige Stabilität.

BLÜHENDER MAUERZAUBER

Natursteinmauern sind eine attraktive Alternative zu Zäunen und Betonelementen und ein idealer Lebensraum für vielerlei Pflanzen und Tiere.

Man kann damit Gärten unterteilen und abgrenzen, einen Hang abfangen oder stützen. Im schmalen Handtuchgarten ersetzt eine Trockenmauer die Kräuterspirale oder das -beet. Selbst kleine Gärten lassen sich so in mehrere Räume unterteilen und gewinnen dadurch Tiefe und Spannung. Mauern wirken als Sicht- und Windschutz und können Gartenteile harmonisch miteinander verbinden. Wer sich nicht gerne bückt, dem kommt die Pflanzenpracht in Augenhöhe entgegen.

Schon vor der Planung kann man sich in Weinbergen, im Gebirge oder in botanischen Gärten und auf der freien Feldflur Anregungen holen. Viele Fachbetriebe unterhalten Schauanlagen mit Mauern aller Art. Vor diesem Hintergrund kann man sich informieren und beraten lassen. Skizzen und Prospekte erleichtern die Planung und Ausführung.

Bei der Wahl der richtigen Steine für eine Trockenmauer gilt der gleiche Grundsatz wie beim Steingarten: Regional vorkommende Steine haben viele Vorteile gegenüber den weit gereisten Importen.

DIE PLANUNG

Die Abfolge ist im Prinzip die gleiche wie beim Bau eines Steingartens. Bei einer Grenzbebauung ist der vorgeschriebene Abstand zum Nachbarn oder der Straße einzuhalten. Nun heißt es, genau zu überlegen, ob man selber baut oder dies besser einem Fachbetrieb überlässt. Ab 1 m Höhe und bei einer Mauer zur Straße hin sollte man einen Fachmann beauftragen. Bitte bedenken Sie: Ihr Vorhaben ist sehr kräftezehrend. So ist neben dem Gewicht des Aushubs pro Meter geplanter Mauer etwa eine Tonne Gestein zu bewegen. Zudem gleicht der Bau einer Mauer aus ungleich großen Steinen einem dreidimensionalen Puzzle – Zeit, Geduld und ein gutes Auge sind hier gefragt! Für die eigene Kreativität bleibt beim Bepflanzen und Dekorieren noch genügend Raum.

Wenn mit einer Mauer ein Hang abgefangen werden soll bzw. Erdreich abgestützt, sollte die Planung und Ausführung ein Fachmann übernehmen, da die Berechnung der Statik eine heikle Sache ist. Eine einstürzende oder abrutschende Mauer kann großen Schaden anrichten und so teurer werden, als es gleich den Experten machen zu lassen. Gleiches gilt für Mauern, die höher sind als 1,5 m.

Es vereinfacht die Arbeit, wenn man die Steine, nach Größen sortiert, direkt am Bauplatz lagert. Stolperfallen lassen sich vermeiden, wenn man den Weg, der wiederum mit den Mauersteinen harmonieren sollte, zuerst anlegt.

Bereits während der Planungsphase sucht man die passenden Pflanzen aus, weil diese unmittelbar während des Baus in die Fugen und Nischen gepflanzt werden. Bei der Pflanzenauswahl bedenken, dass es am Mauerfuß immer etwas feuchter als auf der Mauerkrone sein wird!

STANDORT UND ZEITPUNKT

Wenn eine Mauer vom Lieblingssitzplatz aus im Blickfeld liegt und dazu noch von der Morgen- und/oder Abendsonne angestrahlt wird, ist der Platz ideal. Von Vorteil ist die Ausrichtung von Nord nach Süd.

Der Gelbe Lerchensporn, Corydalis lutea, siedelt auch an trockensten Standorten.

Dekorativ bepflanzte Tuffsteine im Ausschnitt einer Gartenmauer

Auch Mauern und Wälle kann man immer anlegen, wenn das Wetter es zulässt. Vor allem sollte beim Bau das Wetter trocken sein.

NÜTZLICHE HILFEN

Ein Flaschenzug, mehrere Traggurte, ein Lot mit Schnur, eine Wasserwaage sowie einige stärkere Bretter ergänzen das schon erwähnte Werkzeug (siehe Seite 13). Sehr hilfreich ist es, wenn man auf kräftige Helfer zählen kann.

NATURSTEINE WIRKEN WÄRMER

Ob man sich für Fels- oder verwitterungsfeste Bruchsteine entscheidet, hängt vom eigenen Geschmack ab. Ideal sind annähernd quaderförmige Steine, deren Flächen Strukturen aufweisen – sie sehen urig aus und fügen sich besser aneinander. Je dunkler der Standort, desto besser wirkt ein heller Stein. Die Gesteinsfarbe sollte mit anderen Gartenelementen, wie z. B. einer Terrasse oder Wegen, harmonieren. Wer beim Kauf bereits auf eine Mischung aus großen, mittleren und flachen Steinen achtet, hat weniger Mühe beim Schichten. Nicht vergessen: Zum Hinterfüllen und Verkeilen braucht man noch geeigneten Bruch.

BAUEN SCHRITT FÜR SCHRITT

▸ Vor dem Bau passende Pflanzen besorgen, um sie beim Steinsetzen in Fugen und Löchern zu platzieren! Später wird das Einpflanzen viel schwieriger, wenn die Fugen nicht einmal mehr Platz für einen zusammengedrückten Ballen lassen.

▸ Die Mauer wird an der Basis so breit angelegt, wie 1/3 ihrer Höhe beträgt. Auf dieser Fläche wird für das Fundament 60–70 cm tief ausgeschachtet. Ist der Boden unter der abgehobenen Sode geeignet, kann er, gesiebt und mit Gesteinsbruch vermischt, zum Hinterfüllen bzw. als Pflanzsubstrat dienen.

▸ Anschließend wird der Untergrund verdichtet, zur Hälfte mit grobem Schotter aufgefüllt und nochmals festgestampft. Weil starker Frost auch Mauern anheben und anhaltende Regenfälle das Bauwerk unterspülen können, ist es nötig, hier besonders sorgfältig zu arbeiten. Liegen sehr feuchte oder leichte Böden vor, muss hinter der Mauer ein Dränagerohr eingebaut und das Wasser nach vorne abgeleitet werden. Darauf kommt die erste Lage großer Steine. Die Neigung der Steine zum Hang hin sollte stets 10–20 % betragen. Mit Hilfe von Schnurgerüst, Lot und Wasserwaage lässt sich dies leicht bewerkstelligen.

▸ Zum Aufbau braucht man keinen Mörtel. Für die Stabilität werden in gewissen Abständen sogenannte Binder oder Ankersteine eingebaut, die so lang sind, dass sie die anderen Steine nach hinten überragen. Mit ihrer Schmalseite werden sie nach vorne so eingepasst, dass dabei keine Kreuzfugen entstehen. Nur richtig mit T-Fugen

Die Trockenmauer mit Betonfundament hat die richtige Neigung zum Hang. Hinter den unteren Steinen verläuft ein Dränagerohr.

Sogenannte Ankersteine reichen über die anderen Steine hinaus und geben der Mauer Stabilität.

Solche Kreuzfugen unbedingt vermeiden! Sie mindern die Stabilität und sehen nicht gut aus.

konstruiert, wird die ganze Maueranlage sicher. Außerdem muss jeder Stein flächigen Kontakt mit seinen Nachbarsteinen haben.

- Die Steine werden waagrecht ausgerichtet, mit kleinen Steinen verkeilt und die Hohlräume bepflanzt.
- Schicht für Schicht wird die Mauer beim Bau mit der Mischung aus feinem Schotter und Substrat (4:1) satt hinterfüllt und das Material gut angefeuchtet. Das hat den Vorteil, dass von Anfang an weniger nachsackt und gleichzeitig eine wichtige Verbindung mit den Pflanzen entsteht.
- Ist man dann oben angelangt, bilden besonders hübsche Decksteine den krönenden Abschluss.
- Das Kronenplateau kann man zunächst noch unbepflanzt lassen und abwarten, bis das Füllgut nachgesackt ist. Dann wird Substrat nachgefüllt und auch dieser Bereich bepflanzt.

PFLANZENWÄLLE UND -SPIRALEN

Wer Lust auf etwas Besonderes hat, kann sich am Bau eines Pflanzenwalles, wie er in England oft zu sehen ist, versuchen. Solch ein Wall ist nichts anderes als eine doppelte Mauer mit geschlossenen Schmalseiten. Ihr Vorteil besteht aus großen, nach allen Himmels-

richtungen ausgerichteten Flächen, die mehr Platz für attraktive Pflanzen lassen.

Eine Pflanzspirale wird aus kleineren Steinen aufgebaut. Sie bietet sonnige und halbschattige Pflanzplätze mit entsprechend unterschiedlich feuchtem Substrat. Traditionell wird sie vor allem mit Kräutern bepflanzt, kann aber auch andere Pflanzenschätze aufnehmen. Außerdem kann man am Fuß, wo sich abfließendes Gieß- und Regenwasser sammelt, eine kleine Wasserstelle anlegen, die als Vogeltränke und Anziehungspunkt für Amphibien dient.

Spiralen bieten Pflanzplätze mit ganz unterschiedlichen Bedingungen.

Dekorative Tröge

Auch alte Dachziegel lassen sich bepflanzen, hier mit verschiedenen Hauswurz-Arten. Große Steine am Rand geben dem Substrat Halt und sehen dekorativ aus.

STEINGARTEN IM KLEINEN

Für einen Steingarten braucht es keine große Gartenfläche, ein Alpinum lässt sich auch auf kleinem Raum in einem Trog gestalten. Solche Gefäße zieren Terrassen, Eingangsbereiche, Hinterhöfe und Balkone. Aber auch im Garten selbst bilden sie schöne Akzente: am Rande eines Teichs, am Sitzplatz, als optische Abgrenzung verschiedener Gartenbereiche, als Gruppe auf dem Rasen.

Der klassische Trog ist aus Stein. Es gibt wunderschöne alte Exemplare, die früher als Brunnen oder Futtertrog dienten. Solche Stücke sind begehrt, mittlerweile nur noch selten zu bekommen und entsprechend teuer. Auch „neue" Steintröge haben ihren Preis. Bei einigen Steinmetzen kann man sich Tröge oder Brunnenbecken in der gewünschten Größe aus Beton anfertigen lassen, die handwerklich so schön gestaltet und verziert sind, dass sie alten Trögen kaum nachstehen.

Als weitere Gefäße zum Bepflanzen kommen frostfest gebrannte Keramik- oder Tongefäße, imprägnierte Holzgefäße oder Betonkästen in Frage. Auch ein Lochstein, Lavabrocken, Tuffstein oder hohler Wurzelstubben lässt sich bepflanzen.

Lochsteine halten das Wasser nicht so gut wie Tuff. Beide setzt man auf Teichfolie in ein Kiesbett, so dass der Stein in einem Wasserreservoir ruht.

Solche „Minis" haben viele Vorteile. Man erzielt auf kleinstem Raum eine große Wirkung. Sie sind pflegeleicht und lassen sich in bequemer Haltung gut pflegen. Man hat sozusagen alles im Blick und Griff. Für das kleine Stück transportabler Natur lässt sich leicht ein geeigneter Platz finden: vor dem Fenster, auf dem Balkon (Statik beachten), einer Terrasse oder vor der Tür als reizvoller Gartenschmuck, um Ecken und Winkel zum Leben zu erwecken. Für die Kleinen gelten dieselben Pflege- und Standortbedingungen wie für die großen Anlagen.

Kleine Gehölze, aufrechte Stauden und herab-
hängende Polster bilden eine spannungsreiche Be-
pflanzung.

Auch beim Steingarten „im Kleinen" darf keine Staunässe auftreten. Für den Wasserabzug müssen die
Gefäße und Tröge daher Löcher im Boden haben (nötigenfalls werden mit einem Steinbohrer vorsichtig
Löcher gebohrt). Zusätzlich wird zuunterst eine Dränageschicht aus groben Kieseln eingefüllt (siehe Seite 24). Als Pflanzsubstrat verwendet man – wie für
alle Steingartenpflanzen – eine magere, gut wasser-
durchlässige Mischung.

Auch ausgediente Schuhe können, mit an-
spruchslosen Hauswurzen bepflanzt, zu charmanten
Kleinoden im Garten werden.

HUNGERKÜNSTLER

Einige Pflanzen wie Mauerpfeffer bzw. Fetthenne (*Se-*
dum) und Hauswurz (*Sempervivum*) kommen mit
sehr wenig Feuchtigkeit und ein wenig magerem
Substrat zurecht und werden auch für Dachbegrünungen verwendet. Man kann sie ebenfalls in sehr flache Schalen setzen, auf denen man mit etwas magerem Substrat und dekorativen Steinen sozusagen in
die Höhe baut. Solche Schalen sehen auf der Terrasse, aber auch auf Mauerkronen und Mülltonnen-
häuschen sehr dekorativ aus.
Letztlich sind bei der Auswahl der Pflanzengefäße –
gerade für anspruchslose Hauswurze – der Fantasie
keine Grenzen gesetzt.

23

Besonders schön wirken solche Gruppen, wenn
die Tröge aus dem gleichen Gestein sind und ähnli-
che Formen aufweisen.

ANLAGE UND PFLEGE

Kleine Gefäße trocknen schneller aus, deshalb ist hier mehr Kontrolle nötig. Wichtig ist ein guter Wasserabfluss im Gefäß. Um große Kälte und Hitze abzuhalten, kann man größere, quaderförmige Gefäße innen mit einer dünnen Styroporschicht auskleiden.

Weil man im Trog wenig Substrat braucht, eignet sich auch Kakteenerde, mit Aquarienkies gemischt. Mit Kalk oder Silikatbruch wird abgedeckt. Auch wenn der Troginhalt etwas zusammensacken könnte, häuft man das Substrat lieber nicht über den Rand hinaus auf, weil das Gießwasser dann davonlaufen würde.

Die groben Kiesel bilden eine Dränageschicht am Boden des Gefäßes.

Als Dränage wird kalkfreier Riesel (2–3 cm) oder auch leichterer Blähton verwendet, mit dem das Gefäß zu einem Fünftel gefüllt wird. Damit kein Substrat in die Dränage sickert, wird dünnes Vlies darübergelegt. Beim Substrat richtet man sich nach den Bedürfnissen der Pflanzen (siehe Seite 16).

Gegebenenfalls wird später etwas Substrat und Abdeckmaterial nachgefüllt.

Im Urlaub stellt man die Pflanzgefäße und kleinere Tröge, soweit man sie bewegen kann, an einen schattigen Platz. Bewässerungsanlagen leisten hier gute Dienste.

Ein wasserdurchlässiges Vlies verhindert, dass Substrat ausgeschwemmt wird.

Der fertig gestaltete Trog mit noch winzigen Pflänzchen.

Gut zehn Jahre später ist der Pflanztrog ganz eingewachsen.

Praxis

Die Bepflanzung

Im Steingarten ist beides wichtig für den Gesamteindruck – die Pflanzen und die Steine. Die Steine sollten niemals zugepflanzt oder völlig überwuchert werden.

Erst die bunte Palette geeigneter Gewächse haucht einer Steingartenanlage wahres Leben ein. Reicher Blütenflor begleitet uns durch das Gartenjahr. Höhere Pflanzen oder üppig blühende Polster wirken oft schon von Weitem. Und bei der Betrachtung aus der Nähe sind weitere Pflanzenschätze zu entdecken.

Unter Steingartenpflanzen versteht man in erster Linie Gewächse aus der hochalpinen Vegetationsstufe. Meist sind es kleinere, oft polsterbildende Stauden und zwergige Gehölze („Hexenbesen"), die an Hochlagen mit Fels und Geröll bestens angepasst sind und unter diesen oft extremen Bedingungen wachsen.

Man kann ihre Wuchsform sowie Blütezeit und -farbe gezielt nutzen, um besondere Effekte oder Stimmungen zu erzielen. Dabei gilt es abzuwägen, ob die Pflanze besser als Solitär oder Gruppe wirkt und dabei auch noch mit dem Standort zurechtkommt. Wuchshöhe, Breite sowie Blattstrukturen entscheiden bei der Pflanzenauswahl und bei der Gesamtwirkung mit. Auf die richtige Kombination von Polstern, Solitären und Gruppen (Tuffs) kommt es an, doch die Krönung der Steine sind die Pflanzen.

AUSWAHL UND KAUF

Für die Bepflanzung lohnt es sich, möglichst viele Informationen über Literatur, Kataloge oder Fachbetriebe einzuholen (siehe Serviceteil). Lassen Sie sich beim Einkauf Zeit und prüfen Sie sorgfältig die Etikettenhinweise zu Standort und Pflege. Die richtige Pflanzenwahl ist entscheidend dafür, wie schön, gesund und üppig Ihr Steingarten später ausfällt und wie viel Pflege Sie aufwenden müssen.

Die Töpfe sollen einen sauberen Eindruck machen, das Substrat leicht feucht und unkrautfrei sein, der Ballen gut durchwurzelt, die Pflanzen optisch gesund wirken und kräftig sein. Faulende Wurzeln, starke Blattschäden oder gar Insektenbefall sollten von dem Kauf abhalten.

RICHTIG PFLANZEN

Während des Transports dürfen die Pflanzen nie in der prallen Sonne stehen. (Dies gilt auch im Garten, wenn nicht gleich ausgepflanzt werden kann.) Nach dem Auspacken werden alle Pflanzen gewässert und Beschädigtes oder Abgestorbenes entfernt.

Ausgepflanzt wird nur bei bedecktem Wetter, nie zur Mittagszeit oder bei praller Sonne. Zuerst stellt man die Pflanzen, ihren Bedürfnissen entsprechend, probeweise an ihren zukünftigen Platz. Man beginnt mit den größten und bewertet dann die Wirkung aus verschiedenen Blickwinkeln.

Trockenheitsliebende Pflanzen werden immer weiter oben in der Steingartenanlage gepflanzt als andere. Solitärpflanzen werden besonders exponiert platziert. Besonders polsterbildende Arten brauchen einen ausreichenden Abstand zu den Nachbarpflanzen, damit sie sich nicht beim Wachsen behindern oder schon bald ausgelichtet werden müssen.

Alle Pflanzenlöcher werden eineinhalbmal so tief und breit angelegt, wie der Ballen misst, und angefeuchtet. Steinspalten und Löcher mit Hammer und Meißel auf die richtige Größe bringen! Dann den Topfrand lockern und ablösen (nötigenfalls den Topf zerstören), dann den Ballen auflockern. Das Substrat wird auf Schädlinge hin begutachtet und diese entfernt. Die Pflanze vorsichtig mit allen Wurzeln bis zum Wurzelhals einsetzen, festdrücken und mit Steinen gut verkeilen. Den Ballen gegebenenfalls zusammendrücken. Sofort gut wässern und nochmals andrücken, bevor man alles mit Splitt abdeckt. Bei heißem Wetter kann man in den ersten Tage abschattieren (siehe Tipp auf Seite 28) und regelmäßig überbrausen.

Pflanzen und Gerätschaften stehen zum Einpflanzen bereit.

Wer Zwiebeln eingesetzt hat, kann den Platz mit Holzstäbchen markieren, damit man nicht versehentlich etwas anderes dort einpflanzt.

PFLANZEN FÜR DIE MAUER

Bei den Pflanzenbeschreibungen ab Seite 36 ist angegeben, ob die Arten sich auch für eine Trockenmauer eignen. In der Tabelle auf Seite 36 sind weitere Arten aufgelistet.

Besonders hängende Blütenpolster und Fugensiedler kommen in Betracht, zudem Pflanzen mit geringen Wasseransprüchen. Wer die Mauerkrone mit Gehölzen schmücken möchte, der sollte auf Kleingehölze und Hexenbesen zurückgreifen (siehe Seite 74, 75).

Zu lange Wurzeln werden vor dem Einpflanzen eingekürzt.

Der Ballen wird gelockert und kann vorsichtig verkleinert werden.

Pflanzenpflege

Lange eingewurzelte Pflanzen haben ein gut ausgebildetes Wurzelsystem und brauchen nicht so oft gegossen zu werden wie gerade eingesetzte.

Gesunde und kräftige Steingartenpflanzen sind weniger anfällig für Krankheiten und Schädlinge. Daher sind der richtige Standort und Boden sowie gute Pflege so wichtig.

Je einfacher und leichter der Zugang zum Steingarten gestaltet ist, desto bequemer lassen sich alle Pflegemaßnamen durchführen. Prüfen Sie regelmäßig, ob alle Pflanzen gesund aussehen oder es Probleme gibt. Haben gar unliebsame Gäste etwas ausgebuddelt oder abgefressen? Indem Sie einen Finger in das Substrat stecken, können Sie prüfen, ob Sie gießen müssen.

BEWÄSSERN

Dies ist nötig, wenn nichts mehr am Finger haften bleibt und kein Regen in Sicht ist. Wenn es bei Windstille längere Zeit über 30 °C heiß ist, sollte man rechtzeitig abschattieren. Auf diese Weise spart man Wasser und kann auch für den Urlaub vorbeugen.

Wenn es viel geregnet hat oder im Herbst wieder kühler wird, wartet man mit dem Gießen ab, bis das Substrat gut angetrocknet ist. Keine Angst, das nötige Fingerspitzengefühl stellt sich bald ein. Gründlich gegossen oder gesprüht wird nach Möglichkeit früh morgens (beugt Schnecken vor!) oder abends. Dabei wird nicht mit starkem Schwall alles ertränkt, sondern individuell dosiert gegossen. Denn nicht alle Pflanzen brauchen es gleich nass! Besser empfindet man den Tau nach und nebelt mit einer Feuchtdüse. Gießen mit Maß und Ziel hilft Staunässe zu vermeiden. Auch die Steine werden mit einbezogen. Sie kühlen ab und sorgen dabei für Verdunstungskälte. Manche Pflanzen kann man geschickt und gezielt gießen, indem man das Wasser über einen darüber befindlichen Stein laufen lässt.

Damit die Pflanzen kräftige Wurzeln bilden, gießt man nicht jeden Tag ein bisschen, sondern alle paar Tage durchdringenc. Das macht die Pflanzen auch resistenter gegen Trockenheit. Natürlich gilt das nicht für frisch Gepflanztes.

Kleinen Anlagen, Trögen, Schalen und Pflanzen mit besonderen Ansprüchen muss man noch mehr Beachtung schenken. Man gießt sie ganz gezielt mit der Kanne; am praktischsten sind solche mit einer langen Tülle. Für große Flächen sind automatische Beregner mit Feinstrahldüsen oder computergesteuerte Bewässerungssysteme (besonders im Urlaub) eine echte Hilfe.

Wasser ist kostbar. Deshalb lohnt es sich, Regenwasser aufzufangen und zu nutzen. Für kalkfliehende Gewächse im Steingarten und z. B. auch Rhododendron ist dies ohnehin unentbehrlich. Außerdem ist abgestandenes Regenwasser besser als eine eiskalte Dusche aus der Leitung.

JÄTEN

Durch den mageren Boden und die Abdeckung wird im Steingarten nicht soviel Unkraut aufgehen wie in anderen Beeten und es ist besser unter Kontrolle zu halten. Am besten entfernt man Unkrautpflanzen und kleine Baumsämlinge sofort, spätestens jedoch, bevor sie aussamen oder sich mit ihren Wurzeln zu tief im Boden verankern können! Ein sogenannter Löwenzahnstecher oder ein altes Küchenmesser sind hilfreich, um den Boden zu lockern und das Unkraut mitsamt Wurzel zu entfernen.

Solange Ihr Steingarten frisch angelegt ist und viele Flächen noch nicht bewachsen sind, haben Sie mehr Arbeit mit dem Jäten. Aber je mehr sich die Pflanzflächen schließen und kräftige Stauden sich an Ihrem Standort gut entwickeln, desto weniger Unkraut wird aufkommen können.

> **EXPERTEN-TIPP**
>
> Ein lockerer Boden lässt das Wasser schneller eindringen und kann es besser speichern. Deshalb nach ein bis zwei Jahren die Oberfläche jährlich einmal leicht auflockern.

29

Immergrüne Gehölze werden bis zum ersten Frost und bei offenem Wetter gründlich gewässert.

Sehen Sie das Jäten nicht nur als unangenehme Pflicht an. Sie kommen Ihren Pflanzenschätzen so nahe wie selten und genießen den Garten aus neuen Blickwinkeln.

DÜNGEN

Nach einer guten Bodenvorbereitung wird es erst nach ca. eineinhalb Jahren nötig sein, die bis dahin aufgezehrten Nährstoffe zu ergänzen.

Dabei sollten die unterschiedlichen Ansprüche der Pflanzen berücksichtigt werden. Hexenbesen, verholzte und starkwüchsige Blütenstauden sind für Nährstoffgaben in Form eines guten Flüssigdüngers dankbar, der Mineralstoffe, Phosphat und Kalium enthält. Flüssigdünger lassen sich exakter dosieren. Am besten bleibt man etwas unter der Mengenempfeh-lung des Herstellers. Stickstoffreiche Dünger werden eher schaden. Unsere hochalpinen Hungerkünstler sollen weder zu sehr ins Kraut schießen noch anfällig werden. Deshalb nur kleinste Mengen mit etwas Silikatmehl versetzt geben.

Man beginnt mit der Düngung bei frostfreiem Boden, wenn Triebe sichtbar werden, mit einer besonders schwach dosierten ersten Gabe und fährt dann im 14-tägigen Rhythmus fort. Lieber etwas öfter weniger geben als einmal zu viel. Man düngt an trüben oder regnerischen Tagen neben den Austrieb, nicht auf die Blüten. Wenn es nicht regnet, wird nach dem Düngen gewässert, damit die Nährstoffe schnell an die Wurzeln gespült werden.

Ab Ende Juni stellt man das Düngen ein. Dies fördert auch die Winterhärte der Pflanzen.

Beim neu angelegten Steingarten hat man das Unkraut noch gut im Blick.

Nach ein bis zwei Jahren brauchen die Pflanzen einen Nährstoff-Nachschub.

Krankheiten und Schädlinge

Schnecken sind die erklärten Feinde eines jeden Gärtners. Von manchen gehüteten Pflanzenraritäten scheinen sie geradezu magisch angezogen zu werden.

WENN PFLANZEN KRANK WERDEN ...

Wer gut vorsorgt, der hat auch im Steingarten kaum Probleme. Krankheiten, vor allem epidemische, treten kaum auf, wenn man schon beim Einkauf auf gute Qualität und vor allem „saubere" Ware achtet (siehe Seite 26). Wird richtig gepflanzt und gepflegt, kann nicht mehr allzu viel Gravierendes passieren. Tritt wider Erwarten trotzdem einmal etwas auf, heißt es sofort reagieren. Möglichst schnell sollte die Ursache ermittelt werden, und wenn sie – wie leider oft – auf einem Pflegefehler beruht, diesen sofort abstellen! Prüfen Sie anhanc der Pflanzenetiketten oder Porträts in diesem Buch (ab Seite 38), ob Sie falsch gießen, ob die Standortwahl, die klimatischen Bedingungen und der Bodengrund richtig sind. Wächst eine Pflanze am falschen Standort, setzen Sie sie baldmöglichst um. Düngefehler lassen sich meist schnell beheben.

Fehlen eigene Kenntnisse, so kann man mit geschädigten Blättern oder Pflanzenteilen Hilfe bei Fachleuten (auch im Fachgeschäft) erbitten (siehe Serviceteil Seite 76).

GEFAHR FÜR PFLANZENSCHÄTZE – SCHÄDLINGE

Schnecken aller Art sind die größten Feinde unserer alpinen Schätze. Sie sind besonders aktiv, wenn es feucht ist. Schon bei den geringsten Schleimspuren heißt es handeln: Auf Schneckenjagd geht man am besten nachts, mit der Taschenlampe. Erlegte Schnecken müssen sofort weggeräumt werden, da das Aas sonst wieder jede Menge neue Schnecken anlockt.

Man kann Köder (Kartoffelscheiben, Melonenschalen) unter ein Brett oder feuchte Pappe auf den Kompost legen. Darunter lassen sich dann regelmäßig Schnecken absammeln. Abgesammelte Schnecken kann man töten, indem sie mit heißem Wasser überbrüht, oder im Wald ausgesetzt werden.

Auch mit Schneckenkorn lassen sich Erfolge erzielen. Da es die Schnecken anlockt, wird es im Umkreis unserer Steingarten-Anlage eingesetzt. Wenden Sie Schneckenkorn immer genau nach den Angaben des Herstellers an. Wenn Kinder im Garten spielen, sollten keine Gifte eingesetzt werden!

EXPERTEN-TIPP

Vorbeugend alle erkrankten Pflanzenteile in die Mülltonne und nie zum Kompost geben! Die Pflanzlöcher großflächig ausräumen und einen Winter ausfrieren lassen, bevor man wieder etwas auf dieselbe Stelle setzt.

Ein Schneckenzaun hilft, wenn er wirklich das ganze Beet bzw. den kompletten Bereich einschließt und keine Pflanzen darüberhängen, mit deren Hilfe die Schnecken den Zaun überwinden können.

Zudem sollte man eher morgens als abends gießen. Feuchtigkeit am Abend lockt die Schnecken aus ihrem Versteck. In der Nacht können sie ohne die Gefahr der Austrocknung weite Strecken zurücklegen und verheerende Fraßschäden verursachen. Am Morgen fürchten sie die kommende Sonne und bleiben eher in ihrem Versteck, wo Sie sie absammeln können.

Gegen alle anderen Schädlinge ist ein wirksames Kraut gewachsen. Ameisen, Asseln, Spinnerraupen, Blattählchen, Blattläuse, Milben, Rote Spinnen, Nematoden, Thripse, Grillen, Blattwanzen und dem Dickmaulrüssler kann man oft schon mit Schädlingsbekämpfungsmitteln, die im Gartenfachhandel erhältlich sind, erfolgreich zu Leibe rücken. Lassen Sie sich im Fachhandel beraten, um den Schädling sicher zu diagnostizieren und das exakt passende Mittel zu bekommen.

> ## EXPERTEN-TIPP
>
> Auch beim Einsatz biologisch unbedenklicher Mittel, die bienen- oder fischfreundlich sind, ist es wichtig, sie genau nach Gebrauchsanweisungen anzuwenden. Es ist sinnvoll, dabei Handschuhe und Atemschutz zu tragen, auch wenn dies nicht ausdrücklich vom Hersteller vorgeschrieben ist.

Viele Schädlinge lassen sich frühzeitig entdecken, wenn man z.B. unter einer Pflanze ein weißes Tuch ausbreitet und dann an die Pflanze klopft. Selbst die feuerroten Lilienhähnchen entwischen uns so nicht mehr. Durch den täglichen Kontrollblick und mit fleißigem Absammeln lassen sich die kleinen Plagegeister recht gut im Griff behalten. Ansonsten setzt man auf ihre natürlichen Feinde, die sich überall dort von allein einstellen, wo es für sie lebenswert ist. Einige Arten von Nützlingen gibt es auch im Fachhandel zu kaufen. Man sollte sich daher über jede Spinne im Steingarten freuen, weil sie Jagd auf Ungeziefer macht.

Vor einer Wühlmaus ist man nie sicher, auch wenn sie sich im Steingarten wegen des unwirtlichen, steinigen Bodens nicht sehr wohlfühlen wird. Ihre Fraßschäden an Zwiebeln, Rhizomen und Wurzeln sind groß. Wühlmausgänge führen dicht unter der Oberfläche entlang. Sie sollte man sofort bekämpfen, indem man Fallen einsetzt. Bei Blumenzwiebeln kann man sich auch mit Pflanzkörben behelfen.

Zum Schutz gegen Wühlmäuse kann man Blumenzwiebeln in Pflanzkörbe setzen.

Pflege rund ums Jahr

Erste Frühlingsboten – Winterlinge (Eranthis hyemalis) blühen schon im Februar.

FRÜHJAHR

Das Frühjahr läutet das Gartenjahr ein. Ist der Dauerfrost vorbei, wird alles, was faulen kann, entfernt. Alte Blätter, auch Falllaub und tote Pflanzenteile landen auf dem Kompost. Nichts abrupfen, sondern vorsichtig abschneiden!

Abgestorbene Stauden werden entfernt und durch solche ersetzt, denen der Standort besser zusagt (dabei das Substrat gegen neues austauschen). Bedenken Sie aber, dass manche Arten erst sehr spät austreiben! Frostschäden an Gehölzen werden mit Wundverschluss saniert, dann gut angießen. Hochgefrorene Pflanzen werden wieder angedrückt und mit Abdeckmaterial versehen.

Zu üppig gewachsenes und Herbstblüher kann man nun teilen und neu pflanzen. Verdichteter Boden wird mit der Kralle so gelockert, dass das Abdeckmaterial sich nicht mit dem Substrat vermischt. Neupflanzungen und Umgruppierungen werden nun vorgenommen, ausgeblichene Etiketten ausgebessert oder erneuert. Jegliches Unkraut und alle Sämlinge von Bäumen muss man vom Frühling bis in den Herbst hinein sofort rigoros entfernen.

SOMMER

Der Sommer lässt uns Zeit zum Genießen. Außer Gießen, Düngen und Jäten fällt kaum noch Arbeit an. Um eine zweite oder Nachblüte bei früh blühenden Stauden oder Dauerblühern zu erzielen, schneidet man die Stiele nach dem Verblühen ab. Das Gleiche gilt für solche Pflanzen, die durch Selbstaussaat lästig werden können.

Legt man aber Wert auf Samen, so lässt man sie so lange reifen, bis sie geerntet werden können. Die eigene Vermehrung von Pflanzen kann zum schönen Hobby werden.

Im Frühling ist die schönste Zeit im Steingarten. Je nach Witterungsverlauf blühen viele Arten gleichzeitig.

HERBST

Wenn im Herbst die Tage wieder kürzer werden und sich das Laub prächtig färbt, heißt es, alles für den Winter vorzubereiten. Alles Welke und Faule wird entfernt. Freiliegende Austriebe werden mit Steinmulch angehäufelt. Frühjahrs- und Sommerblüher können jetzt geteilt und Zwiebelpflanzen gesetzt werden.

Hexenbesen, Rhododendren und andere Gehölze werden bei Trockenheit nochmals gut gewässert. Laubgehölze verpflanzt man nach dem Laubfall. Unter Laub- und Obstbäumen ein Laubfangnetz anbringen, damit möglichst wenig Laub in die Steingartenanlage gelangt. Anders als in anderen Gartenbereichen, ist im Steingarten der Nährstoffeintrag durch verrottendes Pflanzenmaterial nicht erwünscht.

Vor den ersten Frösten Abdeckmaterial wie Vlies oder Noppenfolie und Styropor besorgen, um Tröge und Schalen, wenn nötig, einzuwintern. Dekorativer ist Jutestoff, der mit Schnur um die Pflanzgefäße gebunden wird.

WINTER

Fällt im Winter viel Schnee, dann braucht man sich nicht zu sorgen. An diesen sind die Pflanzen gewöhnt. Wenn aber der Schnee fehlt und anhaltende Kahlfröste mit austrocknendem Wind herrschen, sollte man mit Fichtenreisig oder Vlies abdecken. Sonst sind auch die als winterhart geltenden Gewächse von der Gefriertrocknung bedroht. Wenn ab Mitte Januar dazu tagsüber noch die Sonne scheint, kann es zum verfrühten Austrieb und damit zu ernsten Schäden kommen. Dann wirkt die Abdeckung als rettender Sonnenschutz. Ziehen die Frühjahrsstürme übers Land, sollte man sich vergewissern, dass die Abdeckung nicht weggeweht wurde. Und wenn dem eisigen Hauch ein warmes Lüftchen folgt und der Boden frostfrei ist, heißt es die Auflage lüften und die Gehölze wässern.

Schnee schützt die Pflanzen vor Kahlfrösten.

Die besten Pflanzen

Stauden und Zwiebelpflanzen

Alpen-Steinquendel
Acinos alpinus

Blauer Eisenhut
Aconitum napellus

Dieser Lippenblütler ist eine hübsche Bienenweide. In den Gebirgen Mittel- und Südeuropas ist er weitverbreitet, besiedelt bis in eine Höhe von 2500 m Schutthalden, Wiesen und andere halbtrockene Standorte. Im Steingarten ein anspruchsloser Pflegling, der lockere Polster bildet. **Höhe:** 10–13 cm. **Blüte:** Die roten bis violetten Blüten setzen von Juni bis August kräftige Farbakzente im sommerlichen Steingarten. **Standort:** sonnig. **Substrat:** steinig, kalkig, humus- und lehmhaltig, halbtrocken, zwischen wärmespeichernden Felsen.

Eine höhere Staude mit auffällig geformten, helmförmigen Blüten, die im Steingarten am besten in einer Gruppe als Rand- oder Hintergrundbepflanzung wirkt. Die in allen Teilen giftige Pflanze ist in den Mittelgebirgen und im Alpenraum heimisch. Attraktive Sorten sind ‘Bergfürst’ mit leuchtend blauen Blüten in dichten Trauben, ‘Gletschereis’ mit weißen Blüten und ‘Zauberstab’ mit dunkelblauen Blüten. **Höhe:** 50–100 cm. **Blüte:** intensiv blau bis blauviolett, von Juni bis August. **Standort:** sonnig bis halbschattig. **Substrat:** leicht, locker, gern etwas bodenfeucht.

WEITERE PFLANZEN FÜR TROCKENMAUERN

Art	Standort	Blütezeit	Blütenfarbe
Alpen-Sandkraut, *Arenaria montana*	sonnig	Mai	weiß
Silber-Flockenblume, *Centaurea bella*	sonnig	Juni – Juli	rosa
Immergrünes Felsenblümchen, *Draba aizoides*	sonnig	März – April	gelb
Alpenbalsam, *Erinus alpinus*	sonnig bis halbschattig	Mai – Juni	rotviolett
Olymp-Johanniskraut, *Hypericum olympicum*	sonnig bis halbschattig	Juni	goldgelb

Frauenmantel
Alchemilla

Felsen-Steinkraut
Alyssum saxatile, syn. *Aurinia saxatilis*

In der Gattung *Alchemilla* gibt es rund 1000 Arten. Alle fallen mehr durch die attraktiv geformten Blätter als durch die eher unscheinbaren gelbgrünen Blüten auf. Besonders nach Regenfällen oder bei Tau sehen die Blätter wie mit Perlen besetzt aus. Die meisten Arten sind sehr wüchsig, deshalb sollte man sie eingrenzen bzw. beizeiten eindämmen. Für Steingarten und Trockenmauer kommen in erster Linie die kleinlaubigen Arten in Frage. **Blüte:** klein, gelbgrün, von Juni bis August. **Standort:** sonnig bis halbschattig. **Substrat:** meist Silikat, einige Arten auf Kalk, nicht zu trocken.

Die üppigen gelben Blütenpolster wirken im Steingarten bezaubernd zwischen violetten *Aubrieta* und Polster-Phlox. Neuerdings wurde die Art in die Gattung *Aurinia* gestellt, ist aber in Literatur und Handel als *Alyssum* geläufig. Es gibt einige Sorten mit kompakterem Wuchs, buntblättrigem Laub, dunkelgoldgelben Blüten oder auch gefüllten Blüten. **Höhe:** 20–30 cm. **Blüte:** schwefelgelb, von April bis Mai. **Standort:** sonnig. **Substrat:** locker, sandig, humos, lehmig; sowohl kalkhaltiger als auch kalkarmer Untergrund.

Art	Standort	Blütezeit	Blütenfarbe
Fransenhauswurz, *Jovibarba heuffelii*	sonnig	Juli	gelb
Lein, *Linum perenne* ssp. *alpinum*	sonnig	Mai – Juni	blau
Felsenteller, *Ramonda myconi*	schattig	Mai – Juni	violett
Sternmoos, *Sagina subulata*	sonnig bis halbschattig	Mai – Juni	weiß
Thymian, *Thymus doerfleri*	sonnig	Mai	violett

China-Mannsschild
Androsace sarmentosa

Katzenpfötchen
Antennaria dioica

Artenreiche Gattung mit über 100 Arten; meist prächtige, von weiß bis rot blühende Gebirgspflanzen. Treibt häufig Ausläufer, bildet üppige Polster. In Kultur sind einige Arten etwas schwierig, wenn man ihre Substrat- und Standortansprüche nicht erfüllt. Das China-Mannsschild stammt aus dem Himalaja und wächst in lockeren Matten mit wollig-seidigen Rosetten. Die Sorte 'Brilliant' hat karminrosa Blüten. **Höhe:** 5–10 cm. **Blüte:** rosa, von Mai bis Juni. **Standort:** meist absonnig. **Substrat:** locker, humos, kann in kalkarmen Schutt oder in Spalten gepflanzt werden.

Dieser nette Korbblütler ist in den Gebirgen Europas und Nordamerikas weitverbreitet. Er steigt bis in Höhen von 3000 m. Attraktiv für den Steingarten sind das silbrige, wollige Laub und die langlebigen weißen oder rosa Blütenköpfchen. Besonders attraktiv ist die Sorte 'Rosea' mit dunkelrosa Blüten. Das Katzenpfötchen macht Ausläufer und bildet so im Laufe der Zeit ganze Teppiche aus Blattrosetten. **Höhe:** 5–20 cm. **Blüte:** weiß, hellrosa, dunkelrosa; von Mai bis Juli. **Standort:** sonnig. **Substrat:** durchlässig, kalkarm, nährstoffarm, trocken.

SCHÖNE MANNSSCHILD-ARTEN (*ANDROSACE*)

Art	Blütenfarbe	Besonderheiten
Androsace carnea	rosa oder weiß	Blattränder und Blütenstiele bewimpert
Androsace chamaejasme	weiß, selten rosa	lockere Polster; dauerhaft
Androsace ciliata	hell- bis dunkelrosa	reiche Blüte von März bis Mai
Androsace jacquemontii	leuchtend rosa	verschiedene Varianten in Kultur
Androsace lactea	weiß	leicht durch Aussaat zu vermehren

Zwerg-Gänsekresse
Arabis pumila

Alpen-Grasnelke
Armeria alpina

Die meisten polster- oder rasenbildenden *Arabis*-Arten und ihre Kulturformen blühen schon früh und lange in schönen Farbtönen von Weiß über Rosa bis Rot. Auch in der Trockenmauer sind sie ein attraktiver Blickfang. Vermehrung durch Teilung möglich. In den Alpen besiedeln die Gänsekressen kalkreiche Böden, Schutt und Fels bis in Höhen von 3000 m. **Höhe:** 5–25 cm. **Blüte:** weiß, von Mai bis September. **Standort:** sonnig, in Felsspalten oder zwischen grobem Schutt. **Substrat:** locker, kalkreich, eher etwas mager, am Grund auch sickerfeucht.

Die Alpen-Grasnelke gehört nicht zu den Nelken, sondern zu den Bleiwurzgewächsen. In den mittel- und südeuropäischen Gebirgen beheimatet, besiedelt sie Felsschutt und offene Rasen in Zonen von 1500 bis 3000 m Höhe. In der Natur ist sie nicht häufig. Sie wächst als niedriges, dichtes Polster, über dem sich die Blütenstiele mit den attraktiven rosa Blütenköpfen erheben. **Höhe:** Polster bis 8 cm, Blütenstiele bis 30 cm hoch. **Blüte:** kräftig rosa bis weiß, von Mai bis Oktober. **Standort:** sonnig. **Substrat:** steiniger, durchlässiger Boden.

Art	Blütenfarbe	Besonderheiten
Androsace lanuginosa	lilarosa	blüht erst ab Juni bis August
Androsace mathildae	weiß, gelbes Auge	leicht zu pflegen, auch im Trog
Androsace sempervivoides	rosa bis rosalila	Blüten kurzstielig und stark duftend
Androsace villosa	weiß, gelbes Auge	im Verblühen teils rosa
Androsace wulfeniana	rosa	bildet flache, dunkelgrüne Polster

Alpen-Aster
Aster alpinus

Alpenmaßliebchen
Aster bellidiastrum

Diese pinkfarbene Schönheit ist von den Europäischen Gebirgen bis nach Asien und Nordamerika verbreitet. Sie ist in Höhenlagen von 1400 bis 3100 m auf Wiesen und an Felsbändern anzutreffen. In Kultur können die Rosetten nach der Blüte geteilt werden. Es gibt mehrere Sorten mit kräftigen Blütenfarben (z. B. 'Dunkle Schöne' in Dunkelviolett) oder gefüllten Blüten ('Christina' in Weiß, 'Antje' in Lilarosa). **Höhe:** 20–30 cm. **Blüte:** rosa, violettblau, selten weiß, von Mai bis Juni. **Standort:** sonnig. **Substrat:** gut durchlässig, kalkhaltig, mager.

Dieser zauberhafte Korbblütler mit seiner grundständigen Blattrosette gehört zu den Frühlings-Astern und ähnelt dem bekannten Gänseblümchen, ist aber langstieliger und flaumig behaart. In Mittel- und Südeuropäischen Gebirgen ist das Alpenmaßliebchen verbreitet und besiedelt dort Höhen bis zu 2800 m. Die Vermehrung im Garten gelingt leicht über Aussaat. **Höhe:** 10–15 cm. **Blüte:** weiß, selten rötlich, mit gelben Röhrenblüten, von April bis Juni. **Standort:** halbschattig bis schattig. **Substrat:** kalkhaltig, humos, mit Grundfeuchtigkeit.

ATTRAKTIVE GLOCKENBLUMEN (*CAMPANULA*)

Von den Glockenblumen gibt es über 300 Arten. Viele sind begeisternd schön und gehören mit Recht zum Grundsortiment unserer Gärten. Ihr Wuchs reicht vom Zwerg bis zum meterhohen Riesen. Natur- und Kulturformen sind blau, weiß oder gelb. Besonders gartenwillig und universell verwendbar sind die Arten in der Tabelle.

Blaukissen
Aubrieta × cultorum

Karpaten-Glockenblume
Campanula carpatica

Auf ihre prächtigen Blütenteppiche im Frühling kann man sich Jahr für Jahr aufs Neue freuen. Die üppigen, blütenübersäten Polster zieren Steingärten und hängen von Wällen und Mauerkronen weit hinunter. Es gibt zahlreiche Sorten mit einfachen oder gefüllten Blüten in unterschiedlichen Farbnuancen. Ein Rückschnitt nach der Blüte fördert das Wachstum und die Blühfreudigkeit. **Höhe:** 5–10 cm. **Blüte:** von Weiß über Rosa bis zu kräftigem Rot und Violett oder Blau, im April und Mai. **Standort:** sonnig. **Substrat:** durchlässiges, lockeres Substrat, kalkhaltig, nicht zu humos.

Sie wächst üppig und schnell, halbkugelig, polster- oder mattenförmig und eignet sich sowohl für Steingartenanlagen als auch für Trockenmauern. Von der anspruchslosen, willig wachsenden Staude gibt es eine Vielzahl von Sorten von kompaktem, teils auch zwergigem Wuchs und mit unterschiedlichen Bütenfarben von Weiß über Zartblau und Rosaviolett bis Dunkelblau. **Höhe:** 20–30 cm. **Blüte:** blau, auch weiß, von Juli bis September. **Standort:** halbschattig bis sonnig. **Substrat:** durchlässig, kalkhaltig, gern in Felsspalten.

Art	Blütenfarbe	Besonderheiten
Campanula alpina var. *bucegensis*	zartblau	nur 10 cm hoch
Campanula cochleariifolia	hell blaulila	viele klein bleibende Sorten
Campanula persicifolia fo. *nitida*	blau	die Sorte 'Alba' blüht weiß
Campanula portenschlagiana	violett	Nachblüte im September
Campanula poscharskyana	lavendelblau	auch für Trockenmauern

Strauß-Glockenblume
Campanula thyrsoides

Filz-Flockenblume
Centaurea triumfettii

Eine ausgesprochen edle Wildstaude; besonders attraktiv wirkt sie in einer Gruppe gepflanzt als Blickfang. Die Strauß-Glockenblume ist zweijährig; im ersten Jahr bildet sie eine Blattrosette, im zweiten Jahr erscheint dann der walzenförmige Blütenstand. Da die Pflanze sich im Steingarten meist willig aussäht, sorgt sie selbst für ihren Fortbestand. In der Natur ist die Strauß-Glockenblume gefährdet und daher geschützt. **Höhe:** 10–50 cm. **Blüte:** gelblichweiß, im Juli und August. **Standort:** sonnig. **Substrat:** locker-steinig, lehmdurchsetztes Geröll, kalkreich, frisch.

Die Filz-Flockenblume, die in den Gebirgen Süd- und Mitteleuropas in Höhen bis zu 2000 m vorkommt, ist sehr formenreich; von ihren 14 Unterarten sind einige in Kultur, die sich durch ihren niedrigeren Wuchs besonders für den Steingarten eignen. Unter den Flockenblumen finden wir weitere Gartenschätze wie *Centaurea montana, C. cana, C. bella* und *C. simplicicaulis.* **Höhe:** 10–60 cm. **Blüte:** Zipfel kornblumenblau, innen purpurviolett, im Juni und Juli. **Standort:** sonnenwarm. **Substrat:** locker, kalkhaltig, humos, trocken.

REICH BLÜHENDE CLEMATIS

Art	Blütenfarbe	Blütezeit	Wuchshöhe
Clematis addisonii	rosa	Juni – Juli	40–100 cm
Clematis fremontii	violett	Juni – Juli	20–50 cm
Clematis fusca var. *fusca*	violett	Juni – Oktober	bis 3 m
Clematis heracleifolia	blauviolett	August – September	70–90 cm
Clematis integrifolia 'Pastel Blue'	lichtblau	Juli – August	60 cm

Alpen-Waldrebe
Clematis alpina

Gelber Lerchensporn
Corydalis lutea, syn. *Pseudofumaria*

Die verholzenden Triebe der attraktiven Alpen-Wald-rebe kriechen und klettern im Gebirge über Felsen und in Sträucher und Bäume. Im Garten ist sie an Spalieren, zwischen Kiefernästen, über Felsen oder an Trockenmauern ein unübersehbarer Blickfang. Die Pflanze sollte tief eingesetzt werden, damit das Aus-triebszentrum geschützt ist; um den Vegetations-punkt herum wird mit grobem Sand oder feinem Splitt aufgefüllt und dieser Bereich schattiert. **Höhe:** 1–3 m. **Blüte:** verschiedene Blautöne, von Hellblau bis Violett, von Mai bis Juli. **Standort:** halbschattig. **Sub-strat:** kalkhaltig, humos bis lehmig.

Der Gelbe Lerchensporn ist ein mehr als dankbarer Dauerblüher, dessen zahlreiche Samen durch Amei-sen verbreitet werden. Die Pflanze kann regelrecht zur Plage werden, wenn man sie nicht rechtzeitig ein-dämmt oder zumindest die heranreifenden Samen-stände entfernt. Sie eignet sich besonders für Tro-ckenmauern. *Corydalis cava* blüht lilarot, die etwas heikleren *C. cashmeriana* und *C. flexuosa* blühen blau. Begehrt sind auch *C. nobilis* und *C. solida* 'George Parker'. **Höhe:** 10–30 cm. **Blüte:** sattgelb, von Mai bis September. **Standort:** sonnig bis schattig. **Substrat:** am liebsten zwischen Gestein, kalkhaltig.

Art	Blütenfarbe	Blütezeit	Wuchshöhe
Clematis montana var. *rubens*	rosa	Mai – Juni	6–10 m
Clematis serratifolia 'Golden Tiara'®™	goldgelb	Juli – September	2,5–3,5 m
Clematis texensis 'Sir Trevor Lawrence'	purpur	Juli – September	2,5–3,5 m
Clematis tubulosa 'Wyevale'	enzianblau	August – September	90 cm
Clematis versicolor	purpur bis blau	Juni – August	bis 2 m

Alpenveilchen
Cyclamen coum

Zimbelkraut
Cymbalaria muralis

Dieses Alpenveilchen ist von Südost-Europa bis in die Türkei und Syrien verbreitet. Alpenveilchen sind zwar keine ausgesprochenen Gebirgspflanzen, im Steingarten aber sehr attraktiv und begehrt. *Cyclamen coum* ist die wohl am leichtesten zu kultivierende Art und auch winterhart. Die Samen werden von Ameisen vertragen, so dass sich das Alpenveilchen bei zusagenden Bedingungen an vielen Stellen im Garten ansiedeln kann. **Höhe:** 5 cm. **Blüte:** rosa, auch weiß, von März bis April, teils auch früher. **Standort:** halbschattig. **Substrat:** durchlässig, kalkhaltig.

Dieser kleine Rachenblütler stammt aus dem Mittelmeergebiet, er kommt aber auch mit unserem Klima zurecht. Das Zimbelkraut wächst mit ober- und unterirdischen Ausläufern und ist attraktiv in Trockenmauern, in Felsspalten im Alpinum oder auch an Beetkanten. Es blüht lange, ist wüchsig und sollte eingedämmt werden, ehe es andere Pflanzenschätze „überwächst". **Höhe:** 5 cm. **Blüte:** weiß oder helllila mit gelbem Schlund, von Mai bis September. **Standort:** sonnig bis halbschattig. **Substrat:** steinig, kalkig, etwas humos.

WEITERE WINTERHARTE ALPENVEILCHEN (CYCLAMEN)

Cyclamen purpurascens, früher *C. europaeum*, stammt aus Mittel- und Osteuropa. Die einzige *Cyclamen*-Art, bei der die – meist silbrig gezeichneten – Blätter das ganze Jahr vorhanden sind. Die Blüten duften stark. **Blüte:** rosa bis tief karminrot, von Juni bis September. **Standort:** warm, halbschattig. **Substrat:** durchlässig, kalkhaltig.

Cyclamen hederifolium wächst im Mittelmeergebiet in lichten Wäldern oder zwischen Felsen. Die wintergrünen Blätter erscheinen mit den Blüten oder kurz danach. Es gibt reich blühende Sorten mit weißen oder rosa Blüten. **Blüte:** hell- bis dunkelrosa; von August bis September. **Standort:** halbschattig. **Substrat:** durchlässig, steinig.

Seidelbast
Daphne mezereum

Steinröschen
Daphne striata

Ein begeisternd schöner und duftender Frühlingsbote, der in heimischen lichten Laubwäldern und auf Almen bereits ab Februar blüht. Die Pflanze und auch die im Sommer heranreifenden roten, beerenartigen Früchte sind giftig! Der Strauch mit seinen langen Ruten und lockerem Wuchs eignet sich für den Randbereich des Alpinums oder kommt neben großen Felsen gut zur Geltung. **Höhe:** 50–150 cm. **Blüte:** rosenrot bis rotviolett, von Februar bis Mai, noch vor dem Blattaustrieb. **Standort:** halbschattig. **Substrat:** locker, humos, lehm- und kalkhaltig.

Der kleine Zwergstrauch ist in den Alpen in Höhen von 1000 bis 2500 m anzutreffen. Die attraktiven rosa Blüten und der betörende Duft machen ihn zu einer begehrten Kostbarkeit für den Steingarten. Sehr ähnlich ist das Heideröschen, *Daphne cneorum*. Neben den beschriebenen sind *Daphne petraea*, *D. arbuscula*, *D. glomerata* und *D. x napolitana* in Kultur. Einige Sorten blühen im Frühjahr und dann im Sommer nochmals. Alle Arten sind giftig! **Höhe:** 5–35 cm. **Blüte:** rosa, von Mai bis Juli. **Standort:** sonnenwarm. **Substrat:** locker, steinig und kalkhaltig, humos.

WEITERE SEIDELBAST-ARTEN UND SORTEN (*DAPHNE*)

Art	Blütenfarbe	Besonderheiten
Daphne cneorum 'Pygmaea'	leuchtend rosa	die Sorte 'Pygmaea Alba' blüht weiß
Daphne x herdersonii	rosa	Kreuzung aus *D. cneorum* x *D. petraea*; es gibt sehr schöne Sorten
Daphne petraea 'Plena'	leuchtend rosa	mit gefüllten Blüten
Daphne reichsteinii	rosa	hellorange Früchte; auch für Trockenmauern

Alpen-Nelke
Dianthus alpinus

Zwerg-Nelke
Dianthus microlepis 'Rubra'

Die Alpen-Nelke ist in den Kalkalpen von 1000 bis 2300 m Höhe anzutreffen. Die Kultur dieser attraktiven Pflanze, die auch im Steingarten rasenartige Polster bildet, ist manchmal eine Herausforderung, da sie nicht ganz pflegeleicht ist; sie kann abfaulen oder von Schädlingen befallen werden. Daher sollte man frühzeitig für Nachzucht aus Samen sorgen, um die Pflanze nicht zu verlieren. **Höhe:** 3–25 cm. **Blüte:** purpurrot, von Juni bis August. **Standort:** sonnig, nicht zu trocken. **Substrat:** kalk- und nährstoffreich.

Wer kleine Kostbarkeiten liebt, pflegt diese Nelke. Sie stammt aus den Gebirgen Bulgariens und bildet dichte, niedrige Polster. Als ausgesprochene Urgesteinspflanze verträgt sie keinen Kalk im Boden. Die blühfreudigere und besser wüchsige Variation *Dianthus microlepis* var. *musalae* aus dem Pirin-Gebirge ist kalkverträglich. Sie Sorte 'Alba' blüht reinweiß, 'Riverdell' wächst als Kugelpolster mit rosa Blüten. **Höhe:** 1–2 cm. **Blüte:** rosa, auch in Weiß, von Mai bis Juni. **Standort:** sonnig. **Substrat:** kalkfrei.

BETÖRENDE NELKEN

Nelken sind unverzichtbare Steingartenpflanzen. Der betörende Blütenduft und die meist wintergrünen Polster geben diesen Pflanzenpolstern zwischen Geröll und Stein ihren Wert. Ihr Flor kann uns während des ganzen Jahres begleiten. Besonders die Zwergpolster sind gut für die Bepflanzung kleiner Flächen sowie von Trögen, Schalen und Lochgestein geeignet.

Kaukasus-Gemswurz
Doronicum orientale

Weiße Silberwurz
Dryas octopetala

Die Kaukasus-Gemswurz eignet sich für den Steingarten sowie Trockenmauern. Attraktiv sind sowohl die herzförmigen Grundblätter als auch die frühen, leuchtend gelben Blüten. Nach der Blüte kann man die Pflanze teilen. Empfehlenswerte Sorten sind z. B. die kompakte 'Goldzwerg' und 'Riedels Goldkranz' mit einem doppelten Kranz von Blütenblättern. **Höhe:** 20–40 cm. **Blüte:** gelb, von April bis Mai. **Standort:** sonnig bis halbschattig. **Substrat:** sandig-lehmig, kühler, etwas feucht-frisch.

Dieser reizende Zwergstrauch ist von arktischen Tundren bis hin zu Gebirgswiesen in 3000 m Höhe verbreitet. Er überzieht Felsen und Schuttflächen mit seiner dichten Polstermatte, die übersät ist von weißen Blütenschälchen. Vereinzelt können auch halb gefüllte Blüten auftreten. Besonders wüchsig im Steingarten bzw. auf Trockenmauern ist auch die Kreuzung *Dryas* x *suendermannii*. **Höhe:** 3–15 cm. **Blüte:** weiß, von Mai bis Juni. **Standort:** sonnig bis halbschattig. **Substrat:** lockere Kalkunterlage, gern auf Kalkschutt.

WEITERE NELKEN (*DIANTHUS*)

Art	Blütenfarbe	Besonderheiten
Dianthus freynii	rosa	reich blühend, nur 1–2 cm hohe Polster
Dianthus glacialis	leuchtend rosa	teils 2 bis 3 Blüten pro Stängel
Dianthus gracilis	leuchtend rosa	es gibt attraktive Sorten
Dianthus gratianopolitanus	rosa	graugrüne bis blaugraue Polster
Dianthus subacaulis	hellrosa	schöne graugrüne Polster

■ Dalmatinische Büschelglocke
Edraianthus dalmaticus

■ Schneeglöckchen
Galanthus

Ein wahres Schmuckstück für Steingarten und Tro-ckenmauer ist dieses üppig blühende Glockenblu-mengewächs, das schöne Polster mit dichten Blüten-büscheln bildet. Die Büschelglocken stammen aus Süd- und Südost-Europa. Besonders attraktiv sind auch *Edraianthus alboviolaceus, E. dinaricus, E. grami-nifolius, E. pumilio, E. serpyllifolius* und *E. tenuifolius.* **Höhe:** 10 cm. **Blüte:** trichterförmig, blau bis blauvio-lett, im Juni. **Standort:** sonnig. **Substrat:** kalkhaltiges Geröll oder lockerer, leicht humoser, kalkhaltiger Gar-tenboden, trocken.

Diese Zwiebelgewächse sind zwar keine typischen Steingartenpflanzen, blühen aber mit als erste im Jahr. Sie bilden im Laufe der Jahre dichte Horste, die nach der Blüte geteilt werden können (die Zwiebel-chen sogleich neu pflanzen!). Das Sammeln der ver-schiedenen Arten und teils kostbaren Züchtungen (unter anderem gefüllte) wird immer populärer. **Hö-he:** 10–15 cm. **Blüte:** weiß, innen mit feinen hellgrünen Flecken, von Februar bis März. **Standort:** halbschattig, gedeihen auch in der Sonne. **Substrat:** durchlässig, nährstoffreich, leicht feucht.

ATTRAKTIVE BÜSCHELGLOCKEN (*EDRAIANTHUS*)

Art	Blütenfarbe	Besonderheiten
Edraianthus dinaricus	rotviolett	Blüten einzeln an langen Stielen
Edraianthus graminifolius	violettblau	Blüten zu 5 bis 8 im Knäuel
Edraianthus pumilio	blau oder weiß	bildet Polster mit nadelförmigen Blättern
Edraianthus tenuifolius	violettblau mit heller Basis	es gibt auch eine Form mit weißen Blütenbüscheln

Flügel-Ginster
Genista sagittalis, syn. *Chamaespartium sagittalis*

Stängelloser Enzian
Gentiana acaulis

Dieser Schmetterlingsblütler ist ein dornenloser Halbstrauch, der in den Alpen offene Wälder sowie felsige und rasige Flächen bis in eine Höhe von knapp 2000 m besiedelt. Er bietet einen prachtvollen Dreiklang im Steingarten: leuchtend gelb blühend, dazu bizarr und ungewöhnlich. Auch für Heidegärten oder die Bepflanzung einer Trockenmauer ist er gut geeignet. Die Sorte 'Minor' hat einen besonders niedrigen, kompakten Wuchs. **Höhe:** 15–30 cm. **Blüte:** gelb, im Mai und Juni. **Standort:** vollsonnig. **Substrat:** eher silikatisch.

Gentiana acaulis wird auch Silikat-Glockenenzian genannt, ein Hinweis darauf, dass er kalkfliehend ist. Von den Alpen und Karpaten bis nach Nordost-Spanien und Italien ist die Art verbreitet. Im Steingarten leuchten die prächtigen Tuffs wie blaue Sterne auf kurzen Stielen – eine alljährlich wiederkehrende Frühlingspracht. Es gibt mehrere attraktive Sorten, z. B. 'Belvedere' oder 'Frohnleiten'. Die Vermehrung erfolgt über Stecklinge oder Aussaat. **Höhe:** 5–10 cm. **Blüte:** tiefblau, innen olivgrün gepunktet, von Mai bis August. **Standort:** sonnig. **Substrat:** sauer, lehmig-humos.

ZAUBERHAFTE SCHNEEGLÖCKCHEN (*GALANTHUS*)

Art	Besonderheiten
Galanthus byzanthinus	großblütig; gedeiht in Sonne und Schatten
Galanthus caucasicus	variable Art mit breiten Laubblättern
Galanthus elwesii	robuste Art, die nach Honig duftet
Galanthus gracilis	für sonnige Standorte mit guter Dränage
Galanthus nivalis	verbreitete Art, verwildert leicht
Galanthus reginae-olgae	blüht im Herbst

Schwalbenwurz-Enzian

Gentiana asclepiadea

Gelber Enzian

Gentiana lutea

Ein sehr attraktiver Vertreter der Enziane, der wegen seiner Höhe am Rand des Steingartens gut zur Geltung kommt, gut gedeiht und im Sommer mit seinen reichblütigen Trieben einen kräftigen Farbakzent setzt. Er ist in den mittel- und südeuropäischen Gebirgen von den Tallagen bis in Höhen von 2200 m verbreitet sowie auf Wiesen, in Mooren und an Waldrändern anzutreffen. Es gibt auch Sorten mit doppelten Glocken. **Höhe:** 40–60 cm. **Blüte:** blauviolett, im Juli und August. **Standort:** halbschattig. **Substrat:** mäßig feucht, kalkhaltig.

Eine langlebige Staudenschönheit für die Rand- oder Hintergrundbepflanzung im Alpinum. Wer die Jungpflanze mit kleinem Ballen setzt und einige Jahre Geduld hat, kann sich am reichen Blütenflor begeistern. Genauso wie an Insekten, die diese Weide genießen. Der bis zu armdicke Wurzelstock des Gelben Enzians wird für medizinische Zwecke und die Herstellung des Enzian-Schnapses verwendet, daher wird die Pflanze im großen Stil angebaut. **Höhe:** 50–100 cm. **Blüte:** gelb, von Juni bis August. **Standort:** sonnig. **Substrat:** kalkhaltig, lehmig, humos, mit guter Dränage.

ENZIANE – EIN TRAUM IN BLAU

Wer sich für leuchtendes Blau in allen Schattierungen in Garten, Trog und Schalen begeistert, für den sind Enziane genau das Richtige. Solch ein reines Blau gibt es bei Gartenpflanzen insgesamt nur selten (obwohl die gelben und weißen Arten nicht minder erfreuen). Neben dem Edelweiß zählen Enziane zu den bekanntesten Gebirgspflanzen. Bei aller Schönheit muss man jedoch auf ihre Ansprüche an den Standort und das Substrat Rücksicht nehmen. Es gibt unter ihnen kalkfliehende und kalkholde Arten und Sorten. Licht und Schatten gilt es ebenso zu beachten wie die richtige Substratmischung. Pflegefehler nehmen sie übel. Deshalb immer die Pflegehinweise auf den Etiketten berücksichtigen!

Frühlings-Enzian
Gentiana verna

Blutroter Storchschnabel
Geranium sanguineum

Der Frühlings-Enzian wird auch „Schusternagerl" genannt. Seine leuchtenden Blüten zieren im Frühling Rasen und Flachmoore im Mittelgebirge, Alpenvorland und Gebirge. Dort steigt er bis auf 3000 m Höhe. Leider ist die Pflanze in der Kultur oft sehr heikel. An zusagenden Standorten zeigt sie aber oft auch eine zweite Blüte. Vor wüchsigen Nachbarpflanzen schützen! **Höhe:** 3–10 cm. **Blüte:** blau, April bis Juni. **Standort:** sonnig, warm. **Substrat:** anmooriger Rasenboden, der mit Kalksteinchen durchsetzt ist, humos, mäßig feucht.

Der Blutrote Storchschnabel ist ein wahres Juwel unter den *Geranium*-Arten. Als Rand- und Hintergrundbepflanzung ist er im Steingarten bzw. auf Mauern gleichermaßen gut geeignet. Es gibt viele attraktive Sorten und Kreuzungen. Grundsätzlich sollte man sich vor dem Kauf anderer *Geranium*-Arten und Kulturformen vergewissern, wie groß sie werden, denn Storchschnäbel gibt es vom Bodendecker bis zum großen Solitär. **Höhe:** 20–50 cm. **Blüte:** leuchtend rot, von Juni bis August. **Standort:** sonnig bis halbschattig. **Substrat:** locker, kalk- und lehmhaltig.

ENZIAN-ARTEN FÜR JEDEN STANDORT

Kalkverträgliche Enzian-Arten	Kalktolerante Enzian-Arten
Gentiana angustifolia, Gentiana asclepiadea	*Gentiana farreri, Gentiana septemfida*
Gentiana clusii, Gentiana cruciata	**Kalkfliehende Enzian-Arten**
Gentiana dinarica, Gentiana ligustica	*Gentiana acaulis* in Sorten, *Gentiana alpina,*
Gentiana ochroleuca, Gentiana verna var. *angulosa*	*Gentiana ornata, Gentiana pneumonanthe,*
	Gentiana sino-ornata in Sorten

Gletscher-Petersbart
Geum reptans

Herzblättrige Kugelblume
Globularia cordifolia

Dieses attraktive Rosengewächs ist in den Gebirgen Mittel- und Südeuropas in Höhen über 2000 bis 3400 m anzutreffen. Charakteristisch sind die oberirdischen Ausläufer, die am Ende neue Pflänzchen bilden, und die hohen Fruchtstände: Die verlängerten, fedrigen Griffel sehen wie ein rötlicher, gedrehter Haarschopf aus und haben der Pflanze den Namen „Petersbart" eingetragen. Diese Bärte sind ebenso attraktiv wie die gelben Blüten. **Höhe:** 10–15 cm. **Blüte:** leuchtend gelb, von Juli bis August. **Standort:** halbschattig. **Substrat:** durchlässig, steinig, kalkarm, leicht feucht.

Treffend auch als Polster-Kugelblume bezeichnet. Der niederliegende Zwergstrauch ist ein attraktiver Bodendecker im Steingarten. Zur Blütezeit krönen aparte, hellblaue Köpfchen den ganzen Bestand. Es gibt weiß bzw. rosa blühende Sorten. Zwergige Kugelblumen-Arten sind *Globularia bellidifolia, G. meridionalis, G. incanescens, G. repens* und *G. stygia*. Ausladenderen Wuchs haben *Globularia lindavica, G. nudicaulis, G. punctata, G. trichopunctata* und *G. vulgaris*. **Höhe:** 5–10 cm. **Blüte:** hellviolett bis blau, von Mai bis Juli. **Standort:** sonnig, warm. **Substrat:** steinig, kalkhaltig, lehmig, auch in der Mauer.

PFLANZEN, DIE FRÜH IM JAHR BLÜHEN

Art	Blütezeit	Blütenfarbe
Christrose, *Helleborus niger*	Dezember – März	weiß
Winterling, *Eranthis hyemalis*	Januar – Februar	leuchtend gelb
Schneeglöckchen, *Galanthus nivalis*	Februar – März	weiß
Krokus, *Crocus* in Sorten	Februar – April	weiß, gelb, lila
Alpenveilchen, *Cyclamen coum*	Februar – April	rosa, auch weiß

Kriechendes Gipskraut
Gypsophila repens

Gewöhnliches Sonnenröschen
Helianthemum nummularium

Das Teppich-Schleierkraut ist eine mattenbildende, graugrüne Staude, die von einer Fülle von zarten Blüten in Weiß, Rosa oder Rosaviolett geziert wird. Die Heimat dieser anmutigen Schönheit sind die Gebirge Mittel- und Südeuropas. Es gibt es mehrere Gartenformen, die besonders reich blühend sind: *Gypsophila repens* 'Rosea', *G. aretioides*, *G. cerastioides*, *G. paniculata*, *G. petraea* und *G. tenuifolia*. **Höhe:** 10–25 cm. **Blüte:** weiß, rosa bis rötlich, von Mai bis August. **Standort:** gern sonnig. **Substrat:** durchlässiger Boden, auf Kalk, im Schutt und in Spalten, auch in der Mauer, sickerfeucht.

Das Sonnenröschen gehört zu den Zistrosengewächsen und ist den Gebirgen Europas bis nach Asien von den Tälern bis über 2500 m Höhe weitverbreitet. Wie der Name andeutet, besiedelt es warme, sonnige Plätze. Im Garten ist es anspruchslos und wächst und blüht willig: über Wochen öffnen sich immer neue Knospen. Nach der Hauptblüte im August sollte man die Pflanze zurückschneiden, sie treibt dann durch und kommt besser über den Winter. **Höhe:** bis 30 cm. **Blüte:** leuchtend gelb, von Mai bis Juni. **Standort:** sonnig. **Substrat:** durchlässig, neutral bis leicht kalkhaltig, trocken.

Art	Blütezeit	Blütenfarbe
Hungerblümchen, *Draba aizoides*	März – April	gelb
Leberblümchen, *Hepatica nobilis*	März – April	blau, auch rosa, weiß
Kissen-Primel, *Primula vulgaris*	März – April	gelb
Alpenglöckchen, *Soldanella montana*	März – April	violettblau
Küchenschelle, *Pulsatilla vulgaris*	März – April	violett, rosa, weiß

Hufeisenklee
Hippocrepis comosa

Dieser Schmetterlingsblütler hat einen niederliegenden bis aufsteigenden Wuchs. Einen unübersehbaren Farbakzent bilden seine leuchtend gelben Blütenköpfe, die auch eine hervorragende Insektenweide sind. Der Hufeisenklee ist in Mittel- und Südeuropa weitverbreitet und im Gebirge vom Tal bis in eine Höhe von 2800 m anzutreffen. Der deutsche Name weist auf die charakteristischen, hufeisenförmig gebogenen Glieder des länglichen Samenstandes hin. Auch für Mauern. **Höhe:** 8–30 cm. **Blüte:** gelb, von Mai bis Juli. **Standort:** sonnig. **Substrat:** locker, kalkhaltig, trocken.

Immergrüne Schleifenblume
Iberis sempervirens

Die Schleifenblume, auch Bauernsenf genannt, ist ein Kreuzblütler, der in den Gebirgen Südeuropas von Spanien bis zum Balkan verbreitet ist. Er wächst in Kalkfelsen und auf Schuttflächen bis in Höhen von 2100 m. Der breitwüchsige immergrüne Halbstrauch bildet im Steingarten lockere Polster, die im Frühling von einer Blütenfülle geradezu bedeckt sind. Nach der Blüte schneidet man die Staude zurück. **Höhe:** 15–30 cm. Niedrige Sorten sind 'Garrexiana' und 'Snow Cushion'. **Blüte:** weiß, auch rosa getönt, von April bis Juni. **Standort:** sonnig. **Substrat:** durchlässig, neutral oder kalkhaltig.

PFLANZEN, DIE SPÄT IM JAHR BLÜHEN

Art	Blütezeit	Blütenfarbe
Zwergiges Helmkraut, *Scutellaria amana*	Juli – August	violett
Orientalisches Helmkraut, *Scutellaria orientalis*	Juli – August	gelb
Sternwurz, *Orostachys spinosa*	Juli – August	blassgelb
Mohn, *Papaver kerneri*	Juli – August	gelborange
Edelweiß, *Leontopodium alpinum*	Juni – September	weiß

■ Edelweiß
Leontopodium alpinum

■ Bitterwurz
Lewisia cotyledon

Das Edelweiß ist in den mittel- und südeuropäischen Gebirgen ab 1500 bis in 3400 m Höhe zu finden – und durchaus nicht nur im schroffen Fels, sondern meist auf steinigen Matten im Gras. Die Blüten sind auch in der Natur unterschiedlich groß, mit oder ohne Gelb, mit kürzeren oder längeren Blütenblättern. In den Gärten wächst die Pflanze meist nicht so kompakt wie im Gebirge. Es gibt attraktive Sorten, z. B. 'Stella Bavaria'. **Höhe:** 5–20 cm. **Blüte:** weiß-filzig, meist mit Gelb, aber auch reinweiß, von Juni bis September. **Standort:** sonnig. **Substrat:** durchlässig, kalkhaltig, nährstoffarm.

Schön, aber anspruchsvoll sind alle Lewisien. Sie vertragen keine Staunässe, das Substrat muss absolut durchlässig sein (sonst Nässeschutz im Winter). Im Sommer/Herbst kann es zu einer Nachblüte kommen. Von *Lewisia cotyledon* werden vermehrt Hybriden angeboten. Weitere Arten und Sorten sind *Lewisia cotyledon* 'Alba' und 'Pinikie', *L. nevadensis* und *L. pygmaea*. **Höhe:** Blattrosette 4–12 cm, Blütenstand bis 40 cm hoch. **Blüte:** weiß, gelb, orange, lachsfarben, rosa, purpur, April bis Juni. **Standort:** sonnig bis halbschattig. **Substrat:** absolut durchlässig, neutral bis leicht sauer, mineralreich.

Art	Blütezeit	Blütenfarbe
Nadelblättrige Miere, *Minuartia laricifolia*	Juni – September	weiß
Felsennelke, *Petrorhagia saxifraga*	Juni – September	rosa
Gelber Lein, *Linum flavum*	Juli – September	gelb
Dost, *Origanum vulgare*	Juli – Oktober	rosalila
Berg-Aster, *Aster amellus*	August – Oktober	blau

Türkenbund-Lilie
Lilium martagon

Alpen-Leinkraut
Linaria alpina

Diese attraktive Lilie besiedelt lichte Waldränder, Wiesen und Matten bis zu einer Höhe von 2300 m. Auch im Steingarten wirkt sie begeisternd schön und sie duftet. Neben der rosavioletten Form gibt es zwei weiße Varietäten: *L. martagon* var. *album* (reinweiß) und *L. martagon* var. *albiflorum* (rosa gesprenkelt). Die Zwiebeln werden zum Schutz vor Wühlmäusen am besten in Körbchen gesetzt. Zum Schutz vor starkem Wind kann man die Pflanzen an Stäben anbinden. **Höhe:** 30–120 cm. **Blüte:** karminrosa gefleckt, von Juni bis August. **Standort:** halbschattig. **Substrat:** locker kalkhaltig bis neutral, humos und etwas lehmig.

Dieser prächtig blühende Rachenblütler ist in den Kalkalpen von den Tälern bis auf 4200 m Höhe in Schuttfluren und Geröllhalden verbreitet. Es gibt in der Natur zwei Formen: leuchtend violette Blüten mit orangem Schlund oder bläulich violette Blüten mit blassblauem Schlundfleck. Es gibt Sorten mit rosa bzw. weißen Blüten. Attraktiv auch für Tröge und Trockenmauern. Die Pflanze sät sich selbst aus. **Höhe:** 5–10 cm. **Blüte:** violett mit orangem oder blasslila Schlund, von Juni bis September. **Standort:** sonnig. **Substrat:** steinig, sehr durchlässig, humusarm, kalkhaltig.

EINE WEITERE SCHÖNE LILIE

Die Acker-Feuer-Lilie *Lilium bullbiferum* var. *croceum* ist eine typische Gebirgspflanze und passt daher trotz ihrer Größe sehr schön an den Rand des Steingartens. **Höhe:** 40–120 cm. **Blüte:** goldorange bis rötlich, von Juni bis Juli. **Standort:** sonnig. **Substrat:** durchlässig, sauer oder alkalisch.

Gewöhnlicher Hornklee
Lotus corniculatus

Alpen-Vergissmeinnicht
Myosotis alpestris

Dieser Schmetterlingsblütler ist in Europa, Asien und Afrika verbreitet. Es gibt mastige Formen und Unterarten, die als Viehfutter genutzt werden sowie zierende kleine Formen von mageren Standorten, die zur Blütezeit eine wahre Pracht im Steingarten, auf Wällen und Mauern sind. *Lotus corniculatus* 'Plenus' blüht goldgelb gefüllt und setzt keinen Samen an, was den Vorteil hat, dass sich die Pflanze im Garten nicht unkontrolliert ausbreitet. **Höhe:** 5–30 cm. **Blüte:** gelb, Fahne oft rötlich überlaufen, von Mai bis August. **Standort:** sonnig. **Substrat:** steinig und kalkhaltig bis neutral.

In den Gebirgen Europas verbreitet, ist das Alpen-Vergissmeinnicht in einer Höhe von 1500 bis 3000 m in lichten Wäldern, auf Rasen und Schutthalden anzutreffen. Im Steingarten oder auf einer Trockenmauer stellt die duftende Pflanze eine Bereicherung für halbschattige Standorte dar, die keine besonderen Ansprüche stellt. Es gibt auch Formen mit rosa Blüten. Auch ganz weiße Blüten treten gelegentlich auf. **Höhe:** 10–20 cm. **Blüte:** himmelblau mit kleiner gelber Mitte, auch weiß oder rosa, von Mai bis September. **Standort:** halbschattig. **Substrat:** kalk- und nährstoffreich, auch auf Schutt.

HOCHALPINE VERWANDTSCHAFT

Ein attraktiver Verwandter des Vergissmeinnicht – ebenfalls ein Rauhblattgewächs mit fast ungestielten Vergissmeinnicht-Blüten auf flachen Polstern – ist der Himmelsherold *(Eritrichium nanum)*. Er wächst an hochalpinen Standorten auf Urgestein. Die Herkunft aus diesen extremen Lagen macht seine Kultur im Steingarten oder Trog recht anspruchsvoll, dennoch lohnt sich um der hübschen Pflanzen willen ein Versuch.

Narzisse, Osterglocke
Narcissus

Feigenkaktus
Opuntia

Besonders zwergige Wildarten wie *Narcissus asturiensis, N. bulbocodium, N. cyclamineus* oder *N. moschatus* bereichern die Steingarten-Anlage. Es gibt besonders gartenwürdige Sorten, ein- und zweifarbige, von Weiß bis zum satten Gelb und auch gefüllte (z. B. 'Rip van Winkle'). Werden die Zwiebeln in Körbchen gesetzt, so sind sie vor Mäusen geschützt und können leicht umgepflanzt werden. **Höhe:** 10–40 cm. **Blüte:** von weiß bis gelb, von März bis Mai. **Standort:** sonnig bis halbschattig. **Substrat:** durchlässig, Sand, auch etwas Lehm und mineralischer Dünger, trocken, vor der Blüte etwas feuchter.

Wer Ausgefallenes liebt und beim Hantieren im Steingarten keine Angst vor den Stacheln hat, wagt sich an die Pflege winterharter Kakteen. Ihre großen, glänzenden Blüten lohnen jede Mühe. Am besten pflanzt man sie in Hanglage, um Staunässe zu vermeiden. Damit die Pflanzen gut durch den Winter kommen, nur im Frühjahr bis zur Blüte düngen, danach nicht mehr. Im Winter ist nicht die Kälte, sondern Nässe das Problem, daher eventuell abdecken. **Höhe:** 20–40 cm. **Blüte:** gelb, auch rot, von Juni bis August. **Standort:** vollsonnig. **Substrat:** sehr durchlässig, sandig, lockere und magere Schotterböden, in Hanglage.

KLEINE NARZISSEN (*NARCISSUS*)

Arten und Sorten	Blüte	Höhe
Narcissus bulbocodium	tiefgelbe Trichter	15 cm
Narcissus cyclamineus	gelb, schmale Trompete, zurückgeschlagene Kronblätter	15–20 cm
Narcissus 'February Gold'	goldgelb	30 cm
Narcissus 'Jack Snipe'	weiß, Trompete zitronengelb	20 cm

Pfingstrose
Paeonia officinalis

Island-Mohn
Papaver nudicaule

Die Stammart unserer Bauern-Pfingstrose wächst in montanen bis subalpinen Regionen der Südalpen und Südeuropas. Im Steingarten kann die Echte Pfingstrose vor einem Wall oder als Begrenzung der Anlage sehr attraktiv wirken. Pfingstrosen sind im Garten langlebig, wenn sie sich möglichst ungestört an einem Platz entwickeln können. Es gibt verschiedene Sorten von *Paeonia officinalis* mit weißen, rosa oder roten gefüllten Blüten. Attraktiv sind auch die Samenstände. **Höhe:** 50–80 cm. **Blüte:** leuchtend rot, von Mai bis Juni. **Standort:** sonnig bis halbschattig. **Substrat:** humos, kalkhaltig, nährstoffreich.

Der Island-Mohn ist im Hochgebirge bis 4600 m anzutreffen, wo er Schutthalden besiedelt. Er ist zu Recht für den Steingarten sehr beliebt, weil er so farbenfroh und heiter wirkt. Obwohl zart und zerbrechlich aussehend, blüht die Pflanze – vor Felsen etwas windgeschützt oder in Mauern – unermüdlich. Damit sie sich nicht zu sehr ausbreitet, sollte man die Samenkapseln vor der Reife abschneiden. Es gibt Sorten mit besonders großen Blüten und attraktiven Farben. **Höhe:** 20–40 cm. **Blüte:** weiß und gelb bis orangerot, von April bis August. **Standort:** sonnig. **Substrat:** durchlässig, eher trocken.

Arten und Sorten	Blüte	Höhe
Narcissus 'Little Beauty'	rahmweiß, Trompete gelb	15 cm
Narcissus 'Rip van Winkle'	schwefelgelb, gefüllt	15 cm
Narcissus 'Scarlet Gem'	gelb, Trompete rot	30–35 cm
Narcissus romieuxii	blassgelbe Trichter	10 cm
Narcissus tazetta 'Canaliculatus'	weiß, Trompete tiefgelb	20–25 cm

Mauermiere
Paronychia kapela

Steinschmückel
Petrocallis pyrenaica

Dieses Nelkengewächs ist in den Gebirgen Nordspaniens, in den Pyrenäen, Westalpen und im Apennin zu Hause. Es besiedelt steinige Böden und Felsspalten in warmen Lagen. Im Steingarten bilden seine niederliegenden Triebe lockere Teppiche. Die unscheinbaren Blüten sind von pergamentartigen, silbrig schimmernden Hochblättern umgeben. Die Mauermiere ist recht wüchsig. Achtung, dass sie keine Nachbarpflanzen überwuchert! **Höhe:** 5–10 cm. **Blüte:** grünlichweiß, von Juni bis Juli. **Standort:** sonnig. **Substrat:** durchlässig, kalkhaltig, nährstoffarm.

In den Alpen, Pyrenäen und Karpaten ist die Pflanze zu finden; in einer Höhe von 1700 bis 3400 m wächst sie in Felsspalten, im Schutt oder Geröll. Der Steinschmückel bildet dichte, flache Polster, die zur Blütezeit von duftenden rosa Blüten übersät, ja geradezu bedeckt sind. Die Sorte ‘Alba’ blüht weiß. Im Garten gedeiht der Kreuzblütler im Alpinum, aber auch in Trögen. Die Vermehrung erfolgt über Aussaat oder Stecklinge. **Höhe:** 2–10 cm. **Blüte:** hellrot bis violett, auch weiß, von Mai bis Juli. **Standort:** sonnig. **Substrat:** kalkreicher Schutt und Felsspalten, trocken.

WEITERE NIEDRIGE PHLOX-ARTEN UND SORTEN (*PHLOX*)

Arten und Sorten	Blütenfarbe	Blütezeit
Phlox bifida	lavendelfarben	April – Mai
Phlox borealis	rosarot	Mai – Juni
Phlox ‘Chatahoochee’	lila	Mai – Juni
Phlox divaricata ssp. *laphamii*	fliederfarben	Mai – Juni
Phlox douglasii ‘Crackerjack’	karminrot	Mai – Juni

Polster-Phlox
Phlox subulata

Schopfige Teufelskralle
Physoplexis comosa

Was wäre ein Steingarten ohne die Blütenkissen des Polster- oder Teppich-Phlox, von dem es viele traumhafte Sorten von *Phlox subulata* und *Phlox douglasii* gibt. Sie bilden schöne, reich blühende Polster und eignen sich gut für kleine Flächen, Tröge und Schalen, aber auch für die Bepflanzung einer Mauer. Eine weitere attraktive Art ist *Phlox bryoides*, die besonders kompakt wächst. **Höhe:** 5–15 cm. **Blüte:** variabel von weiß über rosa zu rot, auch verschiedene Blautöne, von April bis Juni. **Standort:** sonnig. **Substrat:** durchlässig, locker, mineralstoffreich.

Diese Teufelskralle ist in den Zentral- und Südalpen heimisch, aber nicht sehr häufig. Sie ist in Felsspalten zu finden, in 1800 bis 3100 m Höhe. Im Steingarten ist diese Teufelskralle ein Kleinod und kann bei zusagenden Bedingungen – und ausreichendem Schutz vor Schnecken und wüchsigen Nachbarpflanzen – zu stattlichen Exemplaren mit einem Dutzend und mehr Blüten heranwachsen. **Höhe:** 10–15 cm. **Blüte:** fahlviolett mit dunkler Spitze, von Mai bis Juni. **Standort:** absonnig. **Substrat:** steinig, kalkhaltig, ohne Staunässe, in Felsspalten oder Tuff.

Arten und Sorten	Blütenfarbe	Blütezeit
Phlox douglasii 'Red Admiral'	purpurrot	April – Juli
Phlox nana 'Mary Maslin'	scharlachrot	Mai – Juli
Phlox nivalis 'Camla'	dunkelrosa	Mai – Juni
Phlox subulata 'G. F. Wilson'	schieferblau	April – Mai
Phlox stolonifera 'Ariane'	weiß	April – Juni

Ballonglocke
Platycodon grandiflorus

Buchs-Kreuzblume
Polygala chamaebuxus

Die Ballonglocke stammt aus Asien, wo sie auf grasigen Berghängen wächst. Besonders große Glocken zieren diese langlebige, anspruchslose Staude. Es gibt Sorten in unterschiedlichen Farben und Wuchshöhen. Für Steingarten und Trockenmauer sind niedrige wie die weiße 'Fairy Snow' oder die purpurviolette 'Misato Purple' geeignet und natürlich die zwergigen, nur 10 cm hohen Sorten 'Astra Blau' und 'Early Sentimental Blue' sowie 'Zwerg'. **Höhe:** 20–40 cm. **Blüte:** zartblau bis lilablau, auch weiß, von Juli bis August. **Standort:** sonnig bis halbschattig. **Substrat:** durchlässiger, humusreicher Schotterboden.

Diese Kreuzblumen-Art ist von den Mittelgebirgen bis zu den Alpen und Pyrenäen verbreitet und siedelt vom Tal bis über 2000 m Höhe in lichten Wäldern, an Waldrändern und auf rasigen Felshängen. Die Buchs-Kreuzblume ist ein reizender, langsam wachsender, Ausläufer bildender kleiner Halbstrauch, der zu Recht für Steingärten und Trockenmauern immer beliebter wird. Die Vermehrung ist durch Stecklinge möglich. **Höhe:** 10–20 cm. **Blüte:** Die Flügel der Blüte sind weißlich, das Schiffchen gelb bis bräunlich, von April bis Juni. **Standort:** sonnig bis halbschattig. **Substrat:** kalkreich, steinig.

WEITERE PRIMELN (*PRIMULA*)

Arten und Sorten	Blütenfarbe	Besonderheiten
Primula allionii	weiß, rosa, purpur	unter überhängenden Stein pflanzen!
Primula clusiana	rosa mit weißem Auge	für feuchte Standorte
Primula denticulata	weiß mit gelbem Auge	Blüten in kugeligen Dolden
Primula elatior	gelb	Blütezeit März bis Mai
Primula juliae	magentarot	nur 7 cm hoch, treibt Ausläufer

Dolomiten-Fingerkraut
Potentilla nitida

Alpen-Aurikel
Primula auricula

Das Dolomiten-Fingerkraut wächst in den Südalpen in Höhen von 1200 bis 3100 m auf Felsen und in Geröllhalden. Die Pflanze bildet große, flache Polster, ist silbergrau behaart und schmückt sich mit zahlreichen rosa Blüten, die blass oder kräftig gefärbt sein können, auch weiße Formen kommen vor. Das Fingerkraut ist ein wahres Juwel im vollbesonnten Tuffgestein oder in Trögen. Besonders die blühwillige Gartenform ist zu empfehlen. Zwergige Sorten sind die weiß blühende 'Elongata' und die rosa 'Compacta'. **Höhe:** 2–8 cm. **Blüte:** rosa, auch weiß, von Juli bis September. **Standort:** vollsonnig. **Substrat:** kalkreich.

Die Alpen-Aurikel, auch Platenigel genannt, ist in den Alpen, Karpaten und im Apennin verbreitet und sehr formenreich. Sie wächst in Felsspalten oder im feuchten Gras. Ein Augenschmaus nicht nur für Bergwanderer, sondern auch im Alpinum, wo sie sich auch aussät. Es gibt zahlreiche Unterarten und Kreuzungen mit unterschiedlichen Blütenfarben. Für Primeln aller Art sollte sich immer ein grundfeuchtes, kühleres Plätzchen im Steingarten finden lassen. **Höhe:** 5–25 cm. **Blüte:** leuchtend gelb, von April bis Juni. **Standort:** halbschattig, gerne in Spalten. **Substrat:** kalkhaltig, schottrig, humos.

Arten und Sorten	Blütenfarbe	Besonderheiten
Primula marginata 'Linda Pope'	lila bis rosa	schöne Sorte der Meeralpen-Primel
Primula rosea	karminrot	braucht leicht feuchten Standort
Primula veris	goldgelb	die Echte Schlüsselblume
Primula vulgaris 'Double sulphur'	blassgelb	eine gefüllt blühende Kissen-Primel
Primula 'Wanda'	purpurrot	wuchsfreudig, nur 10 cm hoch

Pracht-Primel
Primula spectabilis

Gewöhnliche Küchenschelle
Pulsatilla vulgaris

Eine seltene Schönheit mit rosaroten bis rotvioletten großen Blüten. Die Pracht-Primel ist in ihrer Verbreitung auf die Judikarischen und Veroneser Alpen beschränkt. Sie wächst in Felsspalten oder auf Rasen auf kalkigem Untergrund und steigt bis auf 2500 m. In der Kultur ist die Pracht-Primel nicht ganz so einfach wie manche andere Primeln, aber lohnend durch die attraktiven Blüten. Auch für Trockenmauern geeignet. **Höhe:** 3–15 cm. **Blüte:** kräftig rosa, von Mai bis Juni. **Standort:** warm, auch absonnig. **Substrat:** kalkig, humusreich, taufeucht.

Die Gewöhnliche Küchenschelle gedeiht im Halbtrockenrasen und ist in Nord- und Mitteleuropa heimisch. Die Laubblätter erscheinen mit den Blüten. Für den Garten gibt es viele Sorten und Hybriden, z. B. die tiefrote 'Röde Klocke' oder 'Papageno' in verschiedenen Farben mit tief geschlitzten Blütenblättern. Über die Jahre wachsen stattliche Horste heran. Verschiedene Arten kreuzen sich. **Höhe:** 5–15 cm, fruchtend 15–40 cm hoch. **Blüte:** violett, auch rosa oder weiß, von März bis April. **Standort:** sonnig. **Substrat:** durchlässig, nicht zu mager, kalkhaltig.

BEZAUBERNDE KÜCHENSCHELLEN (*PULSATILLA*)

Arten und Sorten	Blüten	Blütezeit
Pulsatilla alba	weiß mit goldenen Staubgefäßen	Mai – Juli
Pulsatilla albana	lila, weißlich, gelb	Mai
Pulsatilla alpina ssp. *alpina*	weiß, außen bläulich überlaufen	Juni
Pulsatilla halleri	violett, selten rosa oder weiß	März – April
Pulsatilla montana	dunkelviolett, nickend	Mai

Alpen-Hahnenfuß
Ranunculus alpestris

Rosenwurz
Rhodiola rosea

Ein in den Gebirgen Mittel- und Südeuropas weit verbreiteter, weiß blühender Hahnenfuß, der bis in 3000 m Höhe wächst. Da die Naturstandorte – Schneetälchen, Schuttflächen und kurze Rasen – lange mit Schnee bedeckt sind, blüht er dort erst von Juni bis September. Unter den vielen Hahnenfuß-Arten ist diese ein besonders schönes und begehrtes Schmuckstück für den Steingarten. Die Sorte 'Annemarie' hat dicht gefüllte, blassgelbe Blüten mit hellgrüner Mitte. **Höhe:** 5–15 cm. **Blüte:** reinweiß, von April bis Mai. **Standort:** absonnig. **Substrat:** durchfeuchteter Kalkschotter.

Dieses Dickblattgewächs hat seinen Namen von dem ausgeprägten Rosenduft, der besonders der getrockneten Pflanze entströmt. Auf Rasen, Felsen und Schuttflächen wächst es bis in 3000 m Höhe. Für Steingärten und Trockenmauern wird das dekorative Kleinod von Kennern sehr geschätzt. Eine verwandte Art ist die niedrige *Rhodiola rosea* fo. *arctica* mit blaugrünen, stängelumfassenden Blättern. **Höhe:** 20–30 cm. **Blüte:** gelborange, von Mai bis Juni. **Standort:** sonnig oder halbschattig. **Substrat:** locker, steinig, silikatisch oder kalkhaltig, nicht zu trocken, zwischen Steinen.

Arten und Sorten	Blüten	Blütezeit
Pulsatilla pratensis	purpurn, rötlich, lila, gelblich	Mai
Pulsatilla rubra	dunkel rotbraun, schwärzlich	April – Mai
Pulsatilla vernalis	weiß, blauviolett getönt	März – Juli
Pulsatilla vulgaris 'Alba'	weiß, leicht nickend	April
Pulsatilla vulgaris 'Rubra'	rot, purpurrot, glockenförmig	März – April

Behaarte Alpenrose, Almrausch
Rhododendron hirsutum

Zwergalpenrose
Rhodothamnus chamaecistus

Der Almrausch ist ein kleiner, flach wachsender Strauch, der in den Kalkalpen in Höhen von 600 bis 2600 m verbreitet ist und an sonnigen Hängen teils große Flächen bildet. An silikatischen, kalkfreien Standorten ist die nahe verwandte, sehr ähnliche rost-rote Alpenrose (*Rhododendron ferrugineum*) zu finden. Sie hat rostbraune Blattunterseiten und blüht et-was später. Aufgrund der Größe eignen sich beide Arten für den Rand oder Hintergrund des Steingartens. **Höhe:** 70–100 cm. **Blüte:** rosa, von Juni bis Juli. **Standort:** sonnig. **Substrat:** durchlässig, kalkhaltig, humos.

Die Zwergalpenrose, ein Heidekrautgewächs, ist in den östlichen Alpen zu Hause, bis in Höhen von 2400 m. Sie wächst in Felsschutthalden und Fels-spalten, auch zwischen Latschen und Almrausch. Ein kostbares Kleingehölz mit auffallend großen rosa Blü-ten, das auch im Steingarten willig wächst und blüht. Oft zeigen sich in der Natur und im Garten im Spät-sommer und Herbst einzelne Nachblüten. **Höhe:** 20–40 cm. **Blüte:** kräftiges Rosa, von Mai bis Juli. **Standort:** sonnenwarm. **Substrat:** kalkhaltig, humos, lockeres Geröll.

SAXIFRAGEN IM STEINGARTEN

Der Name „Steinbrech" deutet es bereits an: Wir haben es bei den meisten Pflanzen dieser Gat-tung, die sehr weit verbreitet ist, mit reinen Fel-sen- bzw. Geröllpflanzen zu tun, obwohl man ei-nige Arten sogar in feuchten Quellfluren findet. Es gibt über 300 Arten und Hunderte von Hybri-den, die ebenso vielgestaltig wie formen- und far-benreich sind – oft kleinblättrig, hartkrustig, teils Rosetten oder moosartige Polster bzw. krautig beblätterte Kleinstauden. Eines ist ihnen allen gemeinsam: Sie sind gut an die oft extremen Be-dingungen ihrer alpinen Standorte angepasst,

Rotes Seifenkraut
Saponaria ocymoides

Moos-Steinbrech
Saxifraga x arendsii

Dieses in süd- und mitteleuropäischen Gebirgen beheimatete Nelkengewächs wächst bis in 2000 m Höhe an kalkreichen, lockeren, steinigen Standorten wie Felsschuttfluren, Böschungen und in lichten Wäldern. Im Steingarten und auf Trockenmauern erweist sich das Seifenkraut als anspruchsloser Pflegling. Die ausgedehnten, mit Blüten übersäten Polster sind genau das Richtige für große Anlagen. 'Splendens' und 'Rubra Compacta' sind kräftig rosa gefärbte Sorten. **Höhe:** 10–20 cm. **Blüte:** rosarot, von Mai bis September. **Standort:** sonnig, warm. **Substrat:** kalkhaltig, trocken.

Diese Hybriden bilden immergrüne, moosartige Polster mit überreichem Blütenflor und sind im Steingarten und auf sonnenabgewandten Trockenmauern besonders gut und erfolgreich zu kultivieren. Auch nach der Blüte sehen die Rosetten noch attraktiv aus. Es gibt eine Fülle von Sorten mit unterschiedlichen Blütenfarben. 'Gaiety' (dunkelrosa) 'Luschtinez' (blutrote Blüten, sonnenverträglich) und 'Weißer Zwerg' sind besonders kompakt und niedrig. **Höhe:** 8–15 cm. **Blüte:** weiß, gelblich, rosa, rot, von April bis Juni. **Standort:** absonnig. **Substrat:** sandig-lehmig, humos, mildfeucht.

vor allem an das Klima. Um den Ansprüchen der Arten und Sorten gerecht zu werden, wurden die Pflanzen in Sektionen eingeteilt. Kabschia-Saxifragen z. B. sind polsterbildende Zwerge, die früh im Jahr blühen – übersät von großen, attraktiven Blüten.

Roter Steinbrech
Saxifraga oppositifolia

Blaustern
Scilla

Diese zwergige Steinbrech-Art ist in den Alpen und anderen europäischen Gebirgen weitverbreitet und erreicht Höhen bis 3500 m. Die niedrigen Polster wachsen in steinigen Böden, Schutt und Felsspalten. Je nach Herkunft sehen die Pflanzen etwas unterschiedlich aus. Im Steingarten bilden die kriechenden Polster einen farbigen Blickfang. Es gibt Sorten mit besonders aparten Blütenfarben ('Splendens' in Purpurrot, 'Wetterhorn' in Rosarot). **Höhe:** 2–5 cm. **Blüte:** rot, rotblau, von März bis Juni. **Standort:** halbschattig. **Substrat:** locker, kalkhaltig, humos, steinig.

Wenn es Frühling im Steingarten wird, darf dieser Blickfang nicht fehlen. Die kleinen blauen *Scilla* aus der Familie der Liliengewächse, die in Kleinasien in lichten Wäldern wachsen, gehören zu den Zwiebelpflanzen, die sich aussäen und dadurch von allein im Garten verbreiten. Im Herbst kann man Brutzwiebeln abnehmen, die dann sofort eingesetzt werden. Es gibt viele attraktive Sorten. **Höhe:** 10–20 cm. **Blüte:** meist blau, seltener weiß oder rosa, von März bis April. **Standort:** halbschattig. **Substrat:** locker, lehmig, nährstoff- und basenreich, feucht.

ZWIEBELPFLANZEN FÜR DEN STEINGARTEN

Art	Blütezeit	Blütenfarbe
Enzian-Lauch, *Allium cyaneum*	Juli – August	blau
Narzissen-Lauch, *Allium narcissiflorum*	Mai – Juni	rosa
Krokus, *Crocus* in Sorten	Februar – April	weiß, gelb, lila
Winterling, *Eranthis hyemalis*	Januar – Februar	gelb
Iris, *Iris danfordiae*	Februar – März	gelb

Weißer Mauerpfeffer
Sedum album

Japanische Fetthenne
Sedum cauticolum

Diese Mauerpfeffer-Art ist weitverbreitet: von Europa über Nord- und Westasien bis Nordamerika. Sie schmückt sich mit grünen oder rötlichen kugeligen Blättern und weißen Blüten in Doldenrispen. Gut geeignet für den Steingarten, auch für Trockenmauern, Tröge und Dachbegrünungen. Die Sorten 'Coral Carpet' (wird im Winter bronzerot) und 'Murale' mit blassrosa Blüten eignen sich gut als Bodendecker. Die dunkelgrüne Sorte 'Lanconicum' wächst besonders üppig. **Höhe:** 10–15 cm. **Blüte:** weiß, von Juni bis August. **Standort:** sonnig. **Substrat:** locker, sandig-lehmig, mineralstoffreich, trocken.

Diese aparte Mauerpfeffer-Art stammt von der Südküste Yezos, der nördlichsten der vier großen japanischen Inseln. Die niederliegenden Triebe werden bis zu 30 cm lang, tragen blaugrau bereifte Blätter und im Spätsommer einen üppigen roten Blütenflor. Besonders gut kommt dies in einer Hängeampel zur Geltung. Wie alle Mauerpfeffer-Arten für die Verwendung im Steingarten, auf einer Trockenmauer, im Trog oder zur Dachbegrünung geeignet. **Höhe:** 10–12 cm. **Blüte:** rosa bis karminrot, im August und September. **Standort:** sonnig, trocken. **Substrat:** locker, sandig-lehmig, mineralstoffreich.

Art	Blütezeit	Blütenfarbe
Kleine Nelzblatt-Iris, *Iris reticulata*	März – April	dunkelblau
Märzenbecher, *Leucojum vernum*	März – April	weiß
Traubenhyazinthe, *Muscari armeniacum*	April – Mai	blau
Gelber Goldkrokus, *Sternbergia lutea*	September – Oktober	goldgelb
Wilde Tulpe, *Tulipa sylvestris*	April – Mai	gelb, orange, rot

Feinblättriges Goldsedum
Sedum floriferum 'Diffusum'

Aus Steingärten und Trockenmauern sind die robusten und formenreichen *Sedum*-Arten und -Züchtungen nicht mehr wegzudenken. Fetthennen wachsen bodendeckend oder halbhoch und die Blüten sind eine wertvolle Insektenweide. Sowohl Wildarten als auch farbenfrohe Gartensorten sind beliebt, z.B. *S. floriferum* 'Weihenstephaner Gold', *S. cyaneum* 'Rosenteppich', *S. spurium* 'Atropurpureum' und *S. telephium* hybr. **Höhe:** 5–25 cm. **Blüte:** gelb, von Juni bis September. **Standort:** sonnig. **Substrat:** locker, sandig-lehmig, mineralstoffreich.

Behaarte Fetthenne
Sedum pilosum

Diese Mauerpfeffer-Art stammt aus Kleinasien (Iran, Kaukasus). Die Pflanze ist zweijährig: Im ersten Jahr bildet sie die graugrünen, behaarten, attraktiv geformten Blattrosetten. Erst im zweiten Jahr erscheint der kräftige Blütenstand mit vielen kleinen rosa Blüten. Nach der Samenreife stirbt die Pflanze ab, sät sich aber willig aus, so dass dieser kleine Mauerpfeffer über die Jahre durch den Garten wandert. Auch für Trockenmauern geeignet. **Höhe:** 5–10 cm. **Blüte:** rosa, von Mai bis Juni. **Standort:** sonnig. **Substrat:** locker, sandig-lehmig, mineralstoffreich.

HAUSWURZ-IMPRESSIONEN

Spinnweb-Hauswurz
Sempervivum arachnoideum

Berg-Hauswurz
Sempervivum montanum ssp. *montanum*

Charakteristisch für diese Hauswurz-Art sind die wei-ßen Wollhaare, die die Blattrosetten wie mit Spinn-weben überziehen. Auf kalkfreien Böden in den Alpen, Pyrenäen, im Apennin und in den Karpaten ist *Sem-pervivum arachnoideum* bis in eine Höhe von 3000 m zu finden. Gut geeignet für den Steingarten, auf einer Trockenmauer oder im Trog. Die Pflanze breitet sich durch Tochterrosetten immer weiter aus. **Höhe:** 5–15 cm. **Blüte:** hell- bis karminrot, von Juli bis August. **Standort:** sonnig. **Substrat:** sandig-lehmig, nährstoff- und basenreich.

In den Alpen, Pyrenäen und Karpaten ist diese Haus-wurz-Art beheimatet und recht verbreitet. Sie besie-delt Höhen von 1500 bis 3200 m. Wie alle Hauswur-ze bestens für Alpinum und Trockenmauer geeignet. Die Semperviven bilden unterschiedliche Standort-formen, lassen sich leicht kreuzen und vermehren, so dass Liebhaber eine für den Laien unüberschaubare Vielfalt an Sorten gezüchtet haben, die sich in Far-be und Form der Rosetten unterscheiden. **Höhe:** 5–20 cm. **Blüte:** rosa bis rötlich. **Standort:** sonnig. **Substrat:** sandig-lehmig, nährstoff- und basenreich.

Dach-Hauswurz
Sempervivum tectorum

Stängelloses Leimkraut
Silene acaulis ssp. *acaulis*

Diese Hauswurz-Art ist in den Alpen und den Pyrenäen zu finden, bereits in Tallagen bis hin zu Höhen von 2800 m. Sie wächst auf kalkfreien Böden, oft auf Wiesen oder an Felsen. Beeindruckend ist, in wie wenig Substrat die Semperviven in der Natur oft gedeihen. Ein wenig Humus aus heruntergefallenen Lärchennadeln reicht oft schon aus. Entsprechend sind sie mit allen kargen, trockenen Standorten im Garten zufrieden. **Höhe:** 10–40 cm. **Blüte:** rötlich, von Juli bis September. **Standort:** sonnig. **Substrat:** sandig-lehmig, nährstoff- und basenreich.

Dieses Nelkengewächs ist mit verschiedenen Unterarten in den Alpen weitverbreitet. Bis in 3700 m Höhe wachsen die flachen, rasigen Polster, die mit sitzenden rosa Blüten übersät sind, auf Rasen und Schuttflächen. Im Tiefland sind die Pflanzen deutlich blühfauler, daher empfehlen sich die besser wüchsigen Gartensorten 'Floribunda', die weiß blühende 'Alba' und die gefüllte 'Plena'. **Höhe:** 1–5 cm. **Blüte:** rosa, von Mai bis Juni. **Standort:** sonnig bis halbschattig. **Substrat:** gern kalkhaltig, aber auch im Silikatschutt tief wurzelnd, nicht zu trocken.

FARNE FÜR DEN STEINGARTEN

Hirschzungenfarn *Asplenium scolopendrium* hat keine typischen „Wedel", sondern ganzrandige, leicht wellige hellgrüne Blätter, die an der Basis herzförmig sind. **Höhe:** 15–40 cm. **Standort:** halbschattig, schattig. **Substrat:** kalkhaltig, humos, sickerfeucht in Wassernähe.

Schriftfarn *Asplenium ceterach* ist in Süd- und Mitteleuropa verbereitet. Er wächst an warmen Plätzen in Felsspalten und Mauerritzen, z. B. an Weinbergen. Bei Trockenheit rollen sich die Blätter ein. **Höhe:** 5–10 cm. **Standort:** sonnig, warm. **Substrat:** durchlässig, frisch, trocken.

Rundblättriges Täschelkraut
Thlaspi rotundifolium

Thymian
Thymus spec.

Ein bestechend schöner Kreuzblütler, der im Hochgebirge mit seinen kriechenden Trieben in losem Schutt und Geröll wächst und größere Flächen überziehen kann. Meist ist er auf Kalk anzutreffen, kommt aber auch auf Silikat vor. Verschiedene Unterarten sind in den Alpen verbreitet und steigen bis auf 3400 m Höhe. Die dichten Blütentrauben duften und werden gerne von Insekten besucht. **Höhe:** 10–25 cm. **Blüte:** hellrot bis violett, von April bis Juni. **Standort:** sonnig. **Substrat:** durchlässiger Kalkschutt, lehmigsandig, mit etwas Humus angereichert.

Diese Thymian-Art ist von Europa bis in den Kaukasus verbreitet. Sie besiedelt trockene Standorte wie Trockenrasen, Wegränder, magere Wiesen auf sandigen Böden. Die Pflanze besticht im Steingarten, in Trögen und auf Trockenmauern durch ihren Duft und den reichen Blütenflor. Es gibt einige Sorten: 'Schatzalp' hat einen kompakten, niedrigen Wuchs und rosa Blüten, während 'Albus' weiß blüht. **Höhe:** 5–15 cm. **Blüte:** hellrot, violett, malvenfarben, von Juni bis August. **Standort:** sonnig. **Substrat:** Kalkschutt, gern grundfeucht.

SCHÖNE SORTEN VON *THYMUS SERPYLLUM*

Sorte	Blütenfarbe	Besonderheiten
'Albus'	weiß	wächst besonders flach
'Anni Hall'	rosa	5 cm hoch
'Coccineus'	karmesinrot	rötliches Laub
'Highland Cream'	lila	weißgrünes Laub, wächst langsam
'Magic Carpet'	karminrosa	5 cm hoch

Kleingehölze und Hexenbesen

Hexenbesen sind zwergwüchsige Formen, die aufgrund von Mutationen an den Zweigen ganz normaler Gehölze entstanden sind. Diese zu Zwergen mutierten Formen wurden dann von Gärtnern auf natürliche Unterlagen gepfropft und so weiter vermehrt. Für den Steingarten sind Hexenbesen besonders wertvoll, da sie nur sehr langsam wachsen und klein bleiben. Winterhart und immergrün, zieren sie das ganze Jahr und geben der Anlage oder dem Trog Struktur und Gesicht.

Alle Hexenbesen brauchen einen gut drainierten Boden und einen sonnigen bis halbschattigen Standort. Bei Trockenheit gießen und in der Wachstumsperiode alle vier Wochen düngen!

Spanische Tanne
Abies pinsapo

Wuchs: langsam wachsend; ca. 15–20 cm hoch. **Standort:** sonnig; durchlässiger Boden; eher trocken.

Hinoki-Scheinzypresse
Chamaecyparis obtusa 'Minima'

Wuchs: 30 cm hoch. **Standort:** leicht beschattet; frischer Boden, regelmäßig gießen und düngen.

Gemeiner Wacholder
Juniperus communis

Wuchs: ca. 50 cm hoch; eine attraktive kriechende Sorte ist z. B. ssp. *alpina* 'Hornibrookii'. **Standort:** gedeiht auch auf magerem Boden; Staunässe vermeiden.

Zwerg-Zapfen-Fichte
Picea abies 'Acrocona Push'

Wuchs: ca. 50 cm hoch. **Standort:** sonnig bis halbschattig; nährstoffreicher Boden, auch kalkhaltig; verträgt keine Trockenheit.

Rot-Fichte 'Ehinger'
Picea abies 'Ehinger'

Wuchs: ca. 50 cm hoch. **Standort:** sonnig bis halbschattig, nährstoffreicher Boden, auch kalkhaltig; verträgt keine Trockenheit.

Nest-Fichte
Picea abies 'Nidiformis'

Wuchs: bis 80 cm hoch; rundlich, in der Mitte nestförmig vertieft. **Standort:** sonnig; nährstoffreicher, humoser Boden.

Schlangenhaut-Kiefer
Pinus leucodermis 'Schmidtii'

Wuchs: ca. 20 cm hoch; kugelig, sehr langsam und kompakt wachsend. **Standort:** kalkreich; verträgt große Trockenheit.

Zwerg-Hemlocktanne
Tsuga canadensis 'Cole'

Wuchs: ca. 20 cm hoch; flach und überhängend wachsend, schön im Trog. **Standort:** keine volle Sonne; saurer, humoser Boden; Trockenheit vermeiden.

Service

NÜTZLICHE ADRESSEN

Auf der Homepage der Fachgruppe Steingarten und Alpine Pflanzen, Gruppe München, finden sich Veranstaltungshinweise, Bezugsquellen für Steingartenpflanzen sowie ein Verzeichnis alpenbotanischer Gärten:
www.steingarten-alpine-pflanzen-muenchen.de

STAUDEN

Kräuter- und Staudengärtnerei Mann
Schönbacherstr. 25
02708 Lawalde
Tel.: (0 35 85) 40 37 38
Fax: (0 35 85) 41 65 59
E-Mail: info@pflanzenreich.com
www.staudenmann.de
www.pflanzenreich.com

Alpine Staudengärtnerei
Siegfried Geißler
OT Gorschmitz Nr. 14
04703 Leisnig / Sachsen
Tel.:/ Fax: (03 43 21) 1 46 23
E-Mail: info@alpiner-garten.de
www.alpinergarten.de

Staudengärtnerei Alpine Raritäten
Jürgen Peters
Auf dem Flidd 20
25436 Uetersen
Tel.: (0 41 22) 33 12
Fax: (0 41 22) 4 86 39
E-Mail: alpine.peters@t-online.de
www.alpine-peters.de

Staudengärtnerei Ernst Pagels
Deichstr. 4
26789 Leer
Tel.: (04 91) 32 18
Fax: (04 91) 6 25 16
E-Mail: pagels-leer@t-online.de

Staudengärtner Klose
Rosenstr. 10
34253 Lohfelden/Kassel
Tel.: (05 61) 51 55 55
Fax: (05 61) 51 51 20
E-Mail: info@staudengaertner-klose.de
www.staudengaertner-klose.de

Arends Maubach
Stauden & Gartenkultur
Monschaustr. 76
42369 Wuppertal-Ronsdorf
Tel.: (02 02) 46 46 10
Fax: (02 02) 46 49 57
E-Mail: stauden@arends-maubach.de
www.arends-maubach.de

Staudenkulturen Stade
Beckenstrang 24
46325 Borken
Tel.: (0 28 61) 26 04
Fax: (0 28 61) 6 51 36
E-Mail: info@stauden-stade.de
www.stauden-stade.de

Kayser & Seibert
Wilhelm-Leuschner-Str. 85
64380 Rossdorf
Tel.: (0 61 54) 90 68
Fax: (0 61 54) 8 20 69
E-Mail: info@kayserundseibert.de
www.kayserundseibert.de

Staudengärtnerei Gräfin von Zeppelin
Weinstr. 2
79295 Sulzburg-Laufen
Tel.: (0 76 34) 6 97 16
Fax: (0 76 34) 65 99
E-Mail: info@graefin-von-zeppelin.de
www.graefin-v-zeppelin.com

Hof Berg-Garten
Stauden und Sämereien für naturnahe Gärten
Lindenweg 17
79737 Großherrischwand
Tel.: (0 77 64) 239
Fax: (0 77 64) 215
www.hof-berggarten.de

Staudengärtnerei Gaissmayer
Dieter Gaissmayer
Jungviehweide 3
89257 Illertissen
Tel.: (0 73 03) 72 58
Fax: (0 73 03) 4 21 81
E-Mail:
info@staudengaissmayer.de
www.staudengaissmayer.de

QUELLENVERZEICHNIS

Bärtels, Andreas: Zwerggehölze und ihre Verwendung im Garten. Ulmer, Stuttgart 1983.

Finkenzeller, Xaver und Jürke Grau: Alpenblumen. Mosaik, München 1985.

Haberer, Martin: Steingärten und Trockenmauern. Kosmos, Stuttgart 1995.

Haberer, Martin: Taschenatlas Gehölze. Ulmer, Stuttgart 2001.

Jelitto, Leo, Wilhem Schacht und Dr. Hans Simon: Die Freiland-Schmuckstauden. Ulmer, Stuttgart 2002.

The Royal Horticultural Society: Dumont's Gartenhandbuch Blumenzwiebeln und Knollen. Dumont, Köln 1997.

The Royal Horticultural Society: Dumont's Gartenhandbuch Steingartenpflanzen. Dumont, Köln 1997.

Register

Mit 136 Farbfotos von:
Angela und Peter Beck , Gröbenzell (123): S. 1, 2/3, 5, 6, 7, 8, 9 li, 9 re, 10 beide, 12, 13, 14 li, 15 Mi, 15 re, 17, 18, 19 beide, 22, 23 o li, 23 u li, 23 u re, 24 alle vier, 25, 26 li, 27 alle drei, 28, 29, 30 beide, 33, 34 beide, 36 beide, 37 beide, 38 beide, 39 beide, 40 alle drei, 41 beide, 42 beide, 43 beide, 44 beide, 45 beide, 46 alle drei, 47 beide, 48 beide, 49 alle drei, 50 beide, 51 beide, 52 beide, 53 beide, 54 beide, 55 beide, 56 alle drei, 57 beide, 58 beide, 59 re, 60 beide, 61 beide, 62 beide, 63 beide, 64 beide, 65 re, 66 re, 67 beide, 68 beide, 69 li, 70 alle vier, 71 o li, 71 o re, 71 u li, 72 re, 73 beide, 74 o li, 74 o re, 74 u re,75 alle vier;
Otmar Diez, Sulzthal (1): S. 21 u;
Gartenschatz, Stuttgart (7): S. 35, 59 li, 65 li, 66 li, 71 u re, 72 li, 74 uli;
Peter Himmelhuber, Regensburg (1): S. 31;
Manfred Ruckszio, Taunusstein (1): S. 32;
Kathi Voges, Stuttgart (1): S. 15 li;
Xeniel-Dia, Michael Mögle, Stuttgart, (2): S. 14 Mi, 14 re;
Zoonar, Naturbildarchiv, Hamburg (1): S. 69 re;

Mit 4 Illustrationen von:
Kathi Voges, Stuttgart: S. 11, 20, 21 beide

Umschlaggestaltung von Atelier Reichert, Stuttgart unter Verwendung von 2 Farbfotos von Max Kohr (Hauptmotiv Umschlagvorderseite) und Gartenschatz, Stuttgart (Einklinker Umschlagvorder- und -rückseite)

Mit 136 Farbfotos und 4 Farbzeichnungen.

Gedruckt auf chlorfrei gebleichtem Papier

© 2010, Franckh-Kosmos Verlags-GmbH & Co. KG, Stuttgart.
Alle Rechte vorbehalten
ISBN 978-3-440-12225-9
Redaktion: Kathi Voges
Produktion: DOPPELPUNKT, Stuttgart
Grundlayout: Dietmar Grashoff, Lahr
Printed in Italy/Imprimé en Italie

Alle Angaben in diesem Buch sind sorgfältig geprüft und geben den neuesten Wissensstand bei der Veröffentlichung wieder. Da sich das Wissen aber laufend in rascher Folge weiterentwickelt und vergrößert, muss jeder Anwender prüfen, ob die Angaben nicht durch neuere Erkenntnisse überholt sind. Dazu muss er zum Beispiel Beipackzettel zu Dünge-, Pflanzenschutz- bzw. Pflanzpflegemitteln lesen und genau befolgen sowie Gebrauchsanweisungen und Gesetze beachten.

DANK

Den Mitgliedern der Fachgruppen Steingarten und alpine Stauden München und Stuttgart in der Gesellschaft der Staudenfreunde danke ich für ihre Unterstützung, das Werk meines Mannes Peter Beck fortzuführen und sein Steingartenbuch in dieser überarbeiteten und erweiterten Form aufzulegen.

Angela Beck

Unser gesamtes lieferbares Programm und viele weitere Informationen zu unseren Büchern, Spielen, Experimentierkästen, DVDs, Autoren und Aktivitäten finden Sie unter **www.kosmos.de**